V&R

Dienst am Wort

Die Reihe für Gottesdienst und Gemeindearbeit

128

Vandenhoeck & Ruprecht

Literaturgottesdienste

Stephan Goldschmidt und
Inken Richter-Rethwisch

Vandenhoeck & Ruprecht

Bibliografische Information der Deutschen Nationalbibliothek

Die Deutsche Nationalbibliothek verzeichnet diese Publikation in der Deutschen Nationalbibliografie; detaillierte bibliografische Daten sind im Internet über http://dnb.d-nb.de abrufbar.

ISBN 978-3-525-59535-0

Printed in Germany.
Satz: weckner media+print GmbH, Göttingen
Druck und Bindung: ⊕ Hubert & Co, Göttingen

Gedruckt auf alterungsbeständigem Papier.

Inhalt

Vorwort 7

1. Zur Freiheit befreit
Literaturgottesdienst an Pfingsten mit Texten von Friedrich Schiller 9

2. „Ihr werdet die Wahrheit erkennen und die Wahrheit wird euch frei machen“
Gottesdienst in Erinnerung an Immanuel Kant 22

3. Gottes Geist macht frei
Literaturgottesdienst am Pfingstfest mit Texten aus „Der kleine Prinz“ von Antoine de Saint-Exupéry 38

4. „Von guten Mächten treu und still umgeben“
Jahresschlussgottesdienst mit Texten von Dietrich Bonhoeffer 51

5. „Dass des Lebens Flamme in dir glüht“
Literaturgottesdienst am Pfingstfest mit Texten von Hermann Hesse 60

6. „Wohl dem Volk, dessen Gott der Herr ist“
Gottesdienst am Israelsonntag mit Texten aus dem Buch Esther im Dialog mit dem Roman „Jakob der Lügner“ von Jurek Becker 70

7. Fundsache
Literaturgottesdienst mit Texten von Siegfried Lenz 85

8. „Bis ich dich finde“
Literaturgottesdienst mit Texten aus dem gleichnamigen Roman von John Irving 97

9. Ohne Blick auf die Uhr
Abendgottesdienst für alle, die zur Ruhe kommen wollen; mit Texten aus Hektors Suche nach der Zeit 109

10. „Tut Buße, denn das Himmelreich ist nahe“
Gottesdienst zum Buß- und Bettag mit Texten von Henning Mankell 118

11. Bewahre mich, Gott
Literaturgottesdienst mit Texten von Daniel Kehlmann......... 130

Verzeichnis der verwendeten Literatur.................... 144

Vorwort

„Wie gestalte ich um Himmels willen einen Literaturgottesdienst?“ Diese Frage wird sich schon mancher gestellt haben, der sich mit der Aufgabe konfrontiert sah, einen Gottesdienst zu feiern, in dem Literatur und christliche Tradition in einen fruchtbaren Austausch gebracht werden sollen. Natürlich gibt es ganz unterschiedliche Möglichkeiten, Literaturgottesdienste zu gestalten. Die hier vorgelegten Entwürfe wurden in der Praxis erprobt. An der Friedenskirche in Kassel haben sich diese Formen bewährt. Einige von ihnen sind unserer gemeinsamen Gottesdienstpraxis entsprungen, andere wurden mit einem Team vorbereitet. Sie sind im mehrfachen Sinne Dialog-Gottesdienste, indem sie im Dialog entstanden oder durch eine Dialogpredigt geprägt wurden. Darüber hinaus versuchen sie aber einen Dialog herzustellen zwischen biblischen und literarischen Texten, zwischen traditionellem und zeitgenössischem Gedankengut.

Drei der hier vorgelegten Entwürfe nehmen das Thema von Pfingsten auf. Die Vielsprachigkeit, zu der der Heilige Geist befähigt, kann in einem Literaturgottesdienst besonders anschaulich gemacht werden. Neben der biblischen Lesung tritt der literarische Text manchmal auch spannungsvoll hinzu. Es ist Aufgabe der Predigt, hier eine Verknüpfung herzustellen und den „Mehrwert“ herauszuarbeiten, der durch das Zusammenspiel von biblischer Tradition und (zeitgenössischer) Literatur entsteht.

Wir haben uns bei der Gestaltung der vorgelegten Literaturgottesdienste bewusst an die gottesdienstliche Grundform gehalten. Die Gemeinde ist so durch die Liturgie und das Gemeindelied weiterhin aktiv beteiligt. Wir wissen darum, dass es auch andere Möglichkeiten gibt, in denen der liturgische Rahmen bewusst gesprengt wird. Es wird bei der Feier eines Literaturgottesdienstes immer ein bewusster Abwägungsprozess sein, welche Form in welcher Gemeinde sinnvoll und möglich ist.

Auch innerhalb der hier vorgelegten Entwürfe wird der interessierte Leser deutliche Unterschiede wahrnehmen. Die Spanne reicht von Gottesdiensten, in denen die Literatur einen breiten Raum einnimmt, bis hin zu einem meditativ gestalteten Gottesdienst, in dem der literarische Text den thematischen Einstieg bildet. Ein Teil der Gottesdienste ist darüber hinaus dem Kirchenjahr zugeordnet.

Wir hoffen, dass sich durch diese Mehrstimmigkeit der vorgelegten Entwürfe für viele Gemeinden Anregungen finden lassen für die Feier von Literaturgottesdiensten.

Kassel, im November 2009

Inken Richter-Rethwisch und Stephan Goldschmidt

Zur Freiheit befreit

Literaturgottesdienst an Pfingsten mit Texten von Friedrich Schiller

Musik

Lied Komm, o komm, du Geist des Lebens (EG 134,1–2)

Begrüssung und Einführung

„Es soll nicht durch Heer oder Kraft geschehen, sondern durch meinen Geist, spricht der Herr Zebaoth (Sacharja 4,6)."

Mit den Worten aus dem Buch des Propheten Sacharja begrüßen wir Sie herzlich zum Gottesdienst am Pfingstfest. Wir wollen uns heute mit Friedrich Schiller und seiner Literatur beschäftigen. Sein Verständnis von Freiheit scheint uns der Betrachtung wert im Gegenüber zu dem Gedanken, dass es der Geist Gottes ist, der den Menschen frei macht.

Die Freiheit des Geistes ist zu einem Schlagwort geworden, heutzutage eingefärbt mit allerlei anderer Bedeutung als der ursprünglichen. Heute schwingen im Begriff der Freiheit die Stichworte Selbstbestimmung und Selbstverwirklichung mit. In einer Zeit vor 200 Jahren aber hatte das Wort Freiheit eine tief greifende und grundlegende Bedeutung für eine ganz neue Epoche des Denkens. Es ging letztlich vor allem um die Freiheit des einzelnen Menschen von der Bevormundung durch Kirche und Staat. Mit hinein gehören Aufbruch, Sturm und Drang, die Effekte der Aufklärung. Als wir uns in den letzten Wochen vermehrt mit Friedrich Schiller beschäftigten, waren wir nicht nur an unsere Jugend- und Schulzeit erinnert, den Deutschunterricht, unsere Lehrer, die uns jene Epoche und Sprache der Literatur näher bringen wollten; wir haben auch eine Ahnung davon bekommen, dass der Freiheitsgedanke und die Phase von Sturm und Drang wesentlich in unser aller Biografie vorkommen mag, ob in der Jugend oder im jungen Erwachsenenalter bis hinein ins hohe Lebensalter. Die Sehnsucht nach Freiheit ist eine Antriebskraft in unserem Leben, die Entwicklung und Entfaltung vorantreibt. Weil diese Grundthemen zeitlos sind, ist Schiller für uns bis heute interessant, zitieren wir seine Worte, fahren nach Weimar, beschäftigen uns mit seiner Literatur und Geschichte. Deshalb sind wir so frei, uns an Pfingsten, an dem Fest des Heiligen Geistes, zusammen mit Schiller an den Begriff der „Freiheit“ zu wagen. „Wo der Geist des Herrn ist, da ist Freiheit“ (2Kor 3,17).

LIED Lobet den Herren (EG 447,1–3.6–7)

GEBET

Gott, dein Geist erfüllt uns mit Freude
und schenkt uns Mut, wenn wir verzagen.
Dein Geist führt uns in die Freiheit,
sprengt die Fesseln der unguten Bindungen
und Abhängigkeiten.
Erleuchte uns mit dem Licht deines Geistes,
dass wir weise werden.
Erwecke uns, dass wir aufbrechen
in das verheißene Land der Freiheit.
Und sende uns deinen tröstenden Geist,
wenn wir auf Wege des Leidens geführt werden.
Dies bitten wir durch Jesus Christus,
unseren Herrn und Bruder,
der mit dir und dem Heiligen Geist lebt
und Leben schafft in Ewigkeit.

BIOGRAPHIE

Friedrich Schiller, der am 10. November 1759 in Marbach geboren wurde, ist wohl der bedeutendste Dichter, der sich dem Thema der Freiheit zuwandte. Dass für ihn die Freiheit zum zentralen Thema in seiner Dichtung, seinen historischen und philosophischen Schriften wurde, hängt mit seinem Leben zusammen. Ich will einige seiner Lebensstationen beschreiben, in denen deutlich wird, wie sehr Schiller sich immer wieder frei zu machen suchte von Abhängigkeit und Bevormundung. Er wollte frei sein in der Zeit des Absolutismus, in der es also die Freiheit des Einzelnen noch nicht im heutigen Sinne gab.

Schillers Vater stammte aus kleinen Verhältnissen und hatte sich im Dienste von Karl Eugen, dem Herzog von Württemberg, emporgearbeitet. Friedrich sollte nun als der einzige Sohn noch höher hinaus, er sollte studieren, am besten Theologie. Für jeden anderen hätten dafür die Verhältnisse am Württembergischen Hofe die besten Voraussetzungen bereitgestellt, an dem der aufgeklärte Landesvater eine „Militärische Pflanzschule" eingerichtet hatte. Doch Schiller fühlte sich an dieser Militärakademie, noch dazu als einer der Günstlinge des Herzogs, fremdbestimmt. Schillers Widerstand gegen die väterliche und die herzogliche Autorität kann man in seiner fehlenden Motivation zum Studieren erahnen. In den ersten Jahren bereitete er sich als wenig wissbegieriger und schwacher Schüler mehr schlecht als recht auf das Jurastudium vor. Erst als die Militärakademie 1775 nach Stuttgart umgesiedelt wurde und er in Jakob Friedrich Abel einen Lehrer fand, der ihn für Philosophie und Literatur begeistern konnte, studierte Schiller mit innerem Engagement. Er lernte jetzt eine neue Form der Freiheit kennen, die Freiheit des Geistes und der Literatur.

Nun beschloss Schiller, Arzt zu werden. Der Beruf des Arztes sollte ihm als Broterwerb dienen, damit er frei sein konnte, sich der Dichtung als seiner eigentlichen Lebensaufgabe zu widmen. Im ausgehenden 18. Jahrhundert hatte man auch als hochbegabter Dichter nicht die Möglichkeit als freier Schriftsteller zu leben. Man brauchte einen bürgerlichen Beruf oder man wurde durch einen reichen Mäzen gefördert und war damit abhängig. Im Laufe seines Lebens sollte Schiller immer wieder in solche Abhängigkeiten geraten, brach aus, verschuldete sich und wurde nur noch abhängiger. Wie sehr er darunter litt, von der Hilfe anderer zu leben, lässt sich aus einem Brief an seinen Freund Streicher ablesen:

> „Lieber Freund, trauen Sie niemand mehr.
> Die Freundschaft der Menschen ist das Ding,
> das sich des Suchens nicht verlohnt.
> Wehe dem, den seine Umstände nötigen,
> auf fremde Hilfe zu bauen." *(Januar 1783)*

Unabhängig und frei, von den Einnahmen aus seiner Tätigkeit als Schriftsteller konnte Schiller, so gern er es getan hätte, kaum für längere Zeit leben. Am Ende starb er verarmt, seine Hinterbliebenen konnten ihm nicht einmal eine würdige Beerdigung bezahlen.

Es wundert nicht, dass sich der Gedanke der Freiheit durch seine wichtigsten Stücke zieht wie ein roter Faden. Nach ersten literarischen Versuchen begann Schiller schon bald mit seinem ersten Bühnenstück: *Die Räuber* erschienen 1780, in dem der Held Karl Moor als Rebell zu einem Freiheitskämpfer stilisiert wird. Inzwischen hatte Schiller das Studium abgeschlossen und war Militärarzt im Regiment von Herzog Karl Eugen. Das militärische Leben war Schiller aber fremd und engte ihn ein. Entsprechend rebellierte dagegen auf.

Als am 13. Januar 1782 die Räuber in Mannheim uraufgeführt wurden, reiste Schiller ohne Erlaubnis seines Herzogs dorthin. So erlebte er den grandiosen Erfolg mit. „Das Theater glich einem Irrenhause", erinnert sich ein Anwesender, „rollende Augen, geballte Fäuste, stampfende Füße, heisere Aufschreie im Zuschauerraume! Fremde Menschen fielen einander schluchzend in die Arme, Frauen wankten, der Ohnmacht nahe, zur Türe." Über Nacht war Schiller so etwas wie der aufgehende Stern der deutschen Literaturszene.

In der folgenden Zeit aber zeigte sich immer deutlicher, dass sich Schiller in Stuttgart literarisch nicht entfalten konnte. Wegen einer weiteren unerlaubten Reise nach Mannheim wurde er für 14 Tage inhaftiert. So reifte bald der Entschluss, durch Flucht das inzwischen verhasste Stuttgart zu verlassen. Im Herbst 1782 traf Schiller in Mannheim ein, wo er sich Unterstützung erhoffte.

In Mannheim angekommen versuchte er, sich als Dichter seinen Lebensunterhalt zu verdienen. Aber die Freiheit, in der er sich nun wähnte, war nur von kurzer Dauer. Bald merkte Schiller, wie sehr er auch hier abhängig war, diesmal vom Geschmack des bürgerlichen Publikums. Sein neues Stück *Die Verschwörung des Fiesco* wurde von den Kritikern zerrissen und vom Publikum gemieden. Die Abhängigkeit vom Publikumsgeschmack blieb auch bestehen, als er wenig später eine feste Anstellung als Theaterdichter in Mannheim erhielt. *Kabale und Liebe* erschien in dieser Zeit (1784). Es wurde aber nur wenig besser aufgenommen als der Fiesco. Das bürgerliche Publikum wollte auf der Bühne nicht einen Spiegel der eigenen Lebensumstände sehen. So wurde das neue Stück schnell abgesetzt – Schiller war als Theaterdichter zunächst gescheitert, sein Vertrag wurde nicht verlängert, und so kehrte er Mannheim den Rücken.

Wieder war er auf fremde Hilfe angewiesen. Er wohnte bei Christian Gottfried Körner in Dresden, einem glühenden Bewunderer. Hier hatte er Zeit, den *Don Carlos* fertig zu stellen, den er schon in Mannheim begonnen hatte. In keinem anderen Stück wird so deutlich wie hier, wie begrenzt die Freiheit des Einzelnen ist aufgrund gesellschaftlicher Barrieren und Grenzen. Selbst der Held des Stückes, der Marquis von Posa, ist eine ambivalente Figur, mit merkwürdig gebrochenen Facetten. Er vertritt revolutionäre Ansichten, bleibt aber dem König gegenüber devot.

Schiller versuchte sich nun als Historiker – mit zu seiner Zeit äußerst beliebten historischen Schriften hoffte er von seiner Schriftstellerei leben zu können. Doch auch als Historiker kam er von der Literatur nicht los. Das Zentrum der historischen Studien bleibt der Mensch, nun als gesellschaftliches, als geschichtliches Wesen. Auf Vermittlung Goethes wurde Schiller Geschichtsprofessor in Jena. Auch wenn seine Stelle unbezahlt war, konnte er nun ein bürgerliches Leben führen und eine Familie gründen: Am 22. Februar 1790 heiratete Schiller Charlotte von Lengefeld. Das Ehepaar Schiller wurde von Herzog Carl August von Weimar und Schillers Schwiegermutter unterstützt. Und das war auch bitter nötig, weil Schiller selbst für die Familie nicht aufkommen konnte, zu der bald die Kinder Karl, Ernst, Caroline und Emilie gehörten.

Es folgten Jahre, in denen Schiller trotz einer nicht vollständig ausgeheilten Lungenentzündung unermüdlich arbeitete. Er schrieb an historischen Schriften wie der *Geschichte des dreißigjährigen Krieges*. Schiller erörterte aber auch theologische und philosophische Fragen, beispielsweise in der Abhandlung *Über die ästhetische Erziehung des Menschen*. Doch vor allem dichtete der nun wieder in Weimar wohnende Schiller. Es ist die Zeit der Dichterfreundschaft mit Goethe, mit dem er sich fast täglich in fruchtbarer Weise austauschte. Ende der 90er Jahre des 18. Jahrhunderts verfasste er viele seine klassischen Balladen wie den *Taucher*, die *Kraniche des Ibykus*, den *Ring des Polykrates*. Und Schiller arbeitete nach langem wieder an einem Bühnenstück, an der Wallenstein-Trilogie. Die Uraufführung von *Wallensteins Lager* im Oktober 1798 zur Wiedereröffnung des renovierten Weimarer Theaters wurde ein grandioser Erfolg. Anschließend arbeitete Schiller an *Maria Stuart* – wie Wallenstein ein historischer Stoff, den er aber in künstlerischer Freiheit umformte und in die Gegenwart übersetzte. Bald folgte die *Jungfrau von Orleans*, die *Braut von Messina*, ein Jahr vor seinem Tod erschien dann 1804 *Wilhelm Tell*. Da war der schon seit Jahren kränkliche Mann nur noch ein Schatten seiner selbst. Schiller hatte nicht damit gerechnet, älter als 50 Jahre alt zu werden. Nun, da seine Lebenskraft zunehmend schwand, suchte er fast verzweifelt, seiner Frau und seinen vier Kindern ein Auskommen auch nach seinem Tod zu sichern. Doch letztlich starb Schiller als armer, verschuldeter Mann. In den letzten Wochen und Monaten war er ans Haus gefesselt. Der Dichterfreund Goethe – selbst bettlägerig in dieser Zeit – konnte ihn nur einmal besuchen. Und so starb Friedrich Schiller am 9. Mai 1805 im Kreise seiner Familie nach mehrtägigem Todeskampf.

Erschreckend, wie schnell Schiller in Weimar vergessen wurde. Schon seine Beerdigung machte das deutlich, die zwar standesgemäß durch den Generalsuperintendenten gestaltet wurde. Doch niemand kümmerte sich darum, dass er seiner Bedeutung gemäß eine eigene Grabstätte erhielt. Erst mehr als 20 Jahre später wurden seine Gebeine aus einem Massengrab geborgen und in der Familiengruft der Weimarer Fürsten beigesetzt.

MUSIK

LESUNG (aus Wilhelm Tell, dritter Aufzug, dritte Szene)

Wiese bei Altdorf. Im Vordergrund Bäume, in der Tiefe der Hut auf einer Stange. Der Prospekt wird begrenzt durch den Bannberg, über welchem ein Schneegebirg emporragt. Frießhardt und Leuthold [zwei Soldaten] halten Wache.

Wilhelm Tell mit der Armbrust tritt auf, den Knaben an der Hand führend. Sie gehen an dem Hut vorbei … ohne darauf zu achten.

Walther [Sohn von Wilhelm Tell] *(zeigt nach dem Bannberg)*:
Vater, ist's wahr, dass auf dem Berge dort
Die Bäume bluten, wenn man einen Streich
Drauf führte mit der Axt?

Tell: Wer sagt das Knabe?

Walther: Der Meister Hirt erzählt's – Die Bäume seien
Gebannt, sagt er, und wer sie schädige,
Dem wachse seine Hand heraus zum Grabe.

Tell: Die Bäume sind gebannt, das ist die Wahrheit.
– Siehst du die Firnen dort, die weißen Hörner,
Die hoch bis in den Himmel sich verlieren?

Walther: Das sind die Gletscher, die des Nachts so donnern,
Und uns die Schlaglawinen niedersenden.

Tell: So ist's, und die Lawinen hätten längst
Den Flecken Altdorf unter ihrer Last
Verschüttet, wenn der Wald dort oben nicht
Als eine Landwehr sich dagegenstellte.

Walther *(nach einigem Besinnen)*:
Gibt's Länder, Vater, wo nicht Berge sind?

Tell: Wenn man hinuntersteigt von unsrer Höhen,
Und immer tiefer steigt, den Strömen nach,

Gelangt man in ein großes, ebnes Land,
Wo die Waldwasser nicht mehr brausend schäumen,
Die Flüsse ruhig und gemächlich ziehn,
Da sieht man frei nach allen Himmelsräumen,
Das Korn wächst dort in langen, schönen Auen,
Und wie ein Garten ist das Land zu schauen.

Walther: Ei Vater, warum steigen wir denn nicht
Geschwind hinab in dieses schöne Land,
Statt dass wir uns hier ängstigen und plagen?

Tell: Das Land ist schön und gütig wie der Himmel,
Doch die's bebauen, sie genießen nicht
Den Segen, den sie pflanzen.

Walther: Wohnen sie
Nicht frei wie du auf ihrem eignen Erbe?

Tell: Das Feld gehört dem Bischof und dem König.

Walther: So dürfen sie doch frei in Wäldern jagen?

Tell: Dem Herrn gehört das Wild und das Gefieder.

Walther: Sie dürfen doch frei fischen in dem Strom?

Tell: Der Strom, das Meer, das Salz gehört dem König.

Walther: Wer ist der König denn, den alle fürchten?

Tell: Es ist der Eine, der sie schützt und nährt.

Walther: Sie können sich nicht mutig selbst beschützen?

Tell: Dort darf der Nachbar nicht dem Nachbarn trauen.

Walther: Vater, es wird mir eng im weiten Land,
Da wohn ich lieber unter den Lawinen.

Tell: Ja, wohl ist's besser, Kind, die Gletscherberge
Im Rücken haben, als die bösen Menschen.

(sie wollen vorübergehen)

Walther: Ei Vater, sieh den Hut dort auf der Stange.

Tell: Was kümmert uns der Hut? Komm, lass uns gehen.

(Indem er abgehen will, tritt ihm Frießhardt mit vorgehaltener Pike entgegen)

Frießhardt: In des Kaiser Namen! Haltet an und steht!

Tell *(greift in die Pieke)*:
Was wollt Ihr? Warum haltet Ihr mich auf?

Frießhardt: Ihr habt's Mandat verletzt, Ihr müsst uns folgen.

Leuthold: Ihr habt dem Hut nicht Reverenz bewiesen.

Tell: Freund, lass mich gehen.

Frießhardt: Fort, fort ins Gefängnis!
Walther: Den Vater ins Gefängnis! Hülfe! Hülfe!
(In die Szene rufend)
Herbei, ihr Männer, gute Leute, helft,
Gewalt, Gewalt, sie führen ihn gefangen.

LIED Erneure mich, o ewigs Licht (EG 390)

ANSPRACHE

1. Sprecher(in):

Tauchen wir in die Dramen Schillers ab, in seine Sprache und Gedanken, so sind wir sofort verwickelt in das Ringen um Freiheit, das seine Zeit durchzieht. Wir sehen die sogenannten Helden vor unserem inneren Auge, wie sie sich um Freiheit bemühen, ob bei *den Räubern*, bei *Don Carlos,* bei *Kabale und Liebe,* bei *Maria Stuart,* bei *Wilhelm Tell.* In das Gefühlsleben der Helden gewinnen wir stellvertretend Einblicke; wir spüren die Auflehnung gegen das System, in dem sie aufwachsen, erleben wie sie versuchen, sich freizumachen von Konvention und Einengung, nehmen Anteil an ihrer Rebellion, ihrem Kämpfen, schließlich ihrem Scheitern. Bei aller Unterschiedlichkeit der Charaktere der Helden und der geschichtlichen Zusammenhänge ihrer Existenz scheint sich doch das Freiheitsthema wie ein roter Faden durch die Werke Schillers zu ziehen. Am Beispiel von drei Dramen wollen wir dem auf die Spur kommen: *Die Räuber*, *Kabale und Liebe* und *Wilhelm Tell.* Freiheit wovon und Freiheit wofür? Welche Mittel setzt der Mensch zur Durchsetzung der Freiheit ein? Wie ist das Verhältnis zwischen der Freiheit des Einzelnen und der Gesellschaft? Ist der Mensch überhaupt zu Freiheit fähig? Diese Fragen werden uns dabei leiten.

2. Sprecher(in):

Die Räuber waren bei der Uraufführung vom Publikum als Proteststück gegen den Absolutismus, als Fanal der Freiheit aufgenommen worden. Tatsächlich finden sich solche revolutionären Passagen in dem Stück, wenn beispielsweise der Held – Karl Moor – verkündet, er könne mit einer Handvoll mutiger Mitstreiter eine Republik im von Fürstentümern übersäten Deutschland errichten.

Und doch zeigt Schiller in seinem ersten Bühnenstück sehr eindrücklich gerade die Grenzen der Freiheit auf. Karl Moor wird zum Hauptmann einer Räuberbande nicht aus freien Stücken oder aus revolutionärer Neigung, sondern weil er sich von seinem Vater verstoßen glaubt. Es sind die patriarchalen Strukturen der damaligen Zeit, die den Sohn und Erben dazu treiben, ein Leben in einer Parallelgesellschaft zu beginnen, in der sich die Räuber Treue bis zum Tod schwören.

Karl Moor meint, den vorgezeigten Weg nicht einschlagen zu können, der ihn später einmal zum regierenden Grafen gemacht hätte. Die Rückkehr wird ihm durch die Intrige seines jüngeren Bruders Franz versagt, der die Regierung seines Landes an sich reißt, mit Gewalt über seine Untertanen bestimmt und seine Macht missbraucht. Ganz anders geht Karl mit seiner Macht um, die er als Räuberhauptmann besitzt. Er übt das Räuberhandwerk vor allem dazu aus, Ungerechtigkeit zu hindern und Machtmissbrauch zu strafen. Wenn möglich, beschützt er unterdrückte Untertanen und hilft Opfern von Willkür.

Doch auch als Räuber, der außerhalb der Gesellschaft in den böhmischen Wäldern lebt, ist Karl Moor gebunden, zumindest an den Treueschwur bis in den Tod. Den Kumpanen Roller rettet er, wobei er eine Ortschaft niederbrennen lässt. Von nun an ist ihm als gemeinem Mörder der Weg zurück in die Heimat versperrt. Und auch ein Leben mit der geliebten Amalia ist in weite Ferne gerückt. Tatsächlich ist es der Treueschwur der Räuberbande, der Karl Moor gefesselt hat. Seine überzogene Reaktion auf die Nachricht, vom Vater verstoßen zu sein, macht Karl Moor am Ende zum Gefangenen seiner eigenen Rebellion. Am Ende erkennt der Held der Räuber den Irrweg, „die Welt durch Gräuel zu verschönern und die Gesetze durch Gesetzlosigkeit aufrecht zu halten“.

Die Freiheit scheint in Schillers erstem Bühnenstück immer nur gebrochen und in Grenzen möglich. Der Held des Stücks ist nur auf den ersten Blick frei. Er kann die Grenzen der Freiheit nur scheinbar überwinden, indem er sich frei macht von familiären Bindungen und gesellschaftlichen Normen. Am Ende wird deutlich, wie begrenzt seine Freiheit ist, als ihm der Weg versperrt wird in die Heimat und zu einem Leben mit Amalia. Die Suche nach Freiheit, mit der

Schiller sicher die Stimmung seiner Zeit aufgegriffen hat, führt für Karl Moor am Ende dazu, dass er sich der Gerichtsbarkeit stellt. Das tragische Ende der Räuber lässt uns ahnen, wie schwer wirkliche Freiheit zu finden ist. Der Versuch, sich die Freiheit selbst zu geben, scheitert. Und so werden wir zu der Frage geführt, wer uns denn solche Freiheit geben kann.

1. Sprecher(in):

Wie schwer es ist, sich von den gesellschaftlichen Konventionen der Zeit nicht einengen zu lassen, sondern einen Weg in die Freiheit zu finden, zeigt auch das Familienstück *Kabale und Liebe*. Ferdinand von Walter, der Sohn eines einflussreichen Adeligen an einem deutschen Fürstenhof, liebt Luise, die Tochter des Musikers Miller. Beide Väter sind gegen diese Verbindung über die Standesunterschiede hinweg, und auch Luise ist von Zweifeln geplagt. Doch Ferdinand wirbt immer heftiger um sie und drängt sie zur Flucht, was ihr jedoch ihr Gewissen nicht erlaubt. Weil Luise nicht zur Flucht bereit ist, zweifelt Ferdinand an der Aufrichtigkeit ihrer Liebe. So kann eine Intrige seines Vaters und des Sekretärs Wurm gelingen und die beiden Liebenden entzweien: Die Eltern von Luise werden, angeblich wegen Majestätsbeleidigung, inhaftiert. Sie können vor einer Hinrichtung nur bewahrt werden, wenn Luise einen Liebesbrief an den Hofmarschall von Kalb unterschreibt. In ihrer Not unterzeichnet Luise den Brief und muss einen Eid darüber abgeben, dass er freiwillig geschrieben wurde. Der Brief gerät in Ferdinands Hände, der, blind vor Wut, sich an Luise rächen will. Das Drama nimmt nun seinen Lauf. Die Wahrheit kann nicht zutage kommen, weil ein Eid im Spiel ist und weil den Eltern Luises ansonsten die Hinrichtung droht. Am Ende vergiftet Ferdinand aus Verzweiflung Luise und sich selbst. Erst in ihren letzten Atemzügen kommt die Wahrheit ans Licht.

Das eigentliche Drama leitet der gebrochene Held Ferdinand selbst ein. Nicht die Rebellion gegen die Konventionen der Gesellschaft bringt ihn zum Scheitern, sondern das mangelnde Vertrauen in die Tragfähigkeit der Liebe geben der Intrige die nötige Kraft. Seine Ich-Bezogenheit macht ihn unfähig, sich in die Gewissensnot der Geliebten einzufühlen. Als ihm das erpresste Dokument ihrer Untreue zugespielt wird, schenkt er dem äußeren Schein sofort Glauben und ist nur noch in der Lage, seinen eigenen Schmerz zu sehen. In einem Akt der Selbstjustiz setzt er seinem und Luises Leben ein Ende; auch hier rechtfertigt die eigene Verletztheit das ergriffene Richteramt.

So ist den Dramen zweierlei gemeinsam: Auf der einen Seite findet sich die Auflehnung gegen ein vorgefundenes System des Unrechts, der Korruption und der Willkür, dessen Inhumanität durch die Negativ-Figuren Franz Moor oder den Sekretär Wurm verkörpert werden. Auf der anderen Seite wird die narzisstische Veranlagung der Helden deutlich, deren Ich-Bezogenheit sie letztlich in das Verderben hineinreißt. Schiller zeigt auf, dass es nicht allein die Gesellschaft ist, die den Menschen unfrei macht, sondern dass es den Menschen selbst an der Fähigkeit zum Freisein mangelt.

2. Sprecher(in):

Zwischen *den Räubern* und *Wilhelm Tell* liegt eine Zeit von mehr als 20 Jahren, in denen sich nicht nur im Leben Schillers vieles radikal veränderte. In diesen Jahren kam es zur französischen Revolution, zur Gründung der Republik, zu deren Bürger Schiller ernannt wurde. Doch von der Schreckensherrschaft der Jakobiner angewidert, wurde aus dem einstigen Bewunderer der Revolution ein Kritiker.

Nun schreibt Schiller mit *Wilhelm Tell* ein Werk über eine ganz anders gelagerte Revolution, die auf einer gegenseitigen Verpflichtung selbstbewusster Schweizer Bauern gründet, dem berühmten Rütlischwur. Die Vertreter der drei Schweizer Urkantone Schwyz, Uri und Unterwalden schwören sich, dass sie ein Volk sein und von nun an gemeinsam handeln wollen.

Wilhelm Tell, der sich zunächst nicht dem Aufstand gegen die habsburgische Besatzungsmacht anschließen will, wird im Laufe des Stückes zu dessen wichtigsten Repräsentanten. Er erscheint im ersten Teil des Stückes als freier Mann, der sich weigert, ein willkürlich erlassenes Gesetz zu befolgen und den Hut des Landvogts zu grüßen. Indem er sich frei benimmt, wird er zum Gefangenen. Um die Freiheit wieder zu erlangen, muss er – der berühmte Schütze – seinem Sohn einen Apfel mit der Armbrust vom Kopf schießen. Als ihm das gelingt und als er wieder frei ist, verwirkt er sich die Freiheit, indem er freimütig erklärt, den Landvogt Gessler mit dem nächsten Pfeil getötet zu haben, wäre ihm der erste Schuss nicht geglückt.

Der nun erneut in Gewahrsam genommene Tell rettet sich durch einen waghalsigen Sprung in die Freiheit. Weil aber in seinen Augen der Vogt den Bogen überspannt hatte, lauert er diesem auf und erschießt ihn in einer hohlen Gasse nahe bei Küssnacht. Damit gibt er das Signal zum offenen Aufstand gegen Habsburg und zur Befreiung der Schweiz.

Ähnlich wie bei Karl Moor ist es die ungerechte Behandlung, die Tell zum Rebellen macht. Und ähnlich wie bei ihm ist es eine deutlich zu spürende Neigung zur Selbstgerechtigkeit, die sein Handeln bestimmt. Tell verweigert sich zunächst den Eidgenossen, schreitet aber, als in seinen Augen das Maß voll ist, zur alles entscheidenden Tat. Wie die meisten Figuren bei Schiller ist auch Tell von inneren Abgründen gekennzeichnet. Er nimmt Rache und wird so eigentlich ungewollt zum Helden des eidgenössischen Freiheitskampfes. Am Ende bleibt die Frage, ob die Freiheit – die das Ende des Stückes preist – wirklich durch Heldentum erkämpft wurde.

1. Sprecher(in):

Die in den drei erwähnten Dramen geschilderte Auflehnung gegen Unrecht und Unterdrückung, mag sie noch so sehr egozentrische Gründe haben, erweist sich am Ende als richtig und zukunftsweisend. Die Sache, um die es letztlich geht, heißt Freiheit und die ist über die Schwächen der einzelnen Akteure erhaben: Sie bleibt das anzustrebende Ziel. Insofern sind *die Räuber*, *Kabale und Liebe* und *Wilhelm Tell* auch als ethisch-politischer Appell zu verstehen, auch wenn Schiller um die Unfreiheit im Menschen wusste. Seine Sturm-und-Drang-Literatur und später seine klassischen Werke wollen dieses Dilemma von Freiheitsaufruf und Wissen um die Grenzen der Freiheit nicht auflösen. Im Gegenteil, Schillers Stücke leben noch heute gerade von dieser Spannung.

LIED Geh aus, mein Herz (EG 503,1–3.8.13)

FÜRBITTEN

1. Sprecher(in):
Barmherziger Gott,
durch deinen Geist führst du uns in die Freiheit

und befreist uns von den Zwängen,
in denen wir uns verfangen haben.
Wir möchten darauf vertrauen
und uns von deinem Geist der Freiheit anstecken lassen.

2. Sprecher(in):
Führe uns durch deinen Geist in die Weite,
damit wir von unserer inneren Enge loskommen
und auch innerlich frei werden.
Damit wir ohne Neid auf das schauen,
was andere haben oder können,
damit wir uns an den Erfolgen
unseres Nächsten freuen können.

1. Sprecher(in):
Schenke uns durch deinen Geist
die Sprache der Liebe,
die denen ihre Stimme leiht,
die keine Stimme haben.
Eine Sprache, die sich für die einsetzt,
die zu müde sind, um noch etwas zu fordern,
oder zu ängstlich, um zu widersprechen.

2. Sprecher(in):
Lass uns durch deinen Geist
immer wieder von Neuem Hoffnung finden,
und Visionen und Träume entdecken,
damit wir Menschen zum Glauben führen,
Traurige trösten und Mutlose aufrichten.
Lass deinen Geist wirken,
damit wir überzeugend dein Wort
verkündigen in unseren Häusern und Kirchen.

STILLE

VATER UNSER

LIED Mach in mir deinem Geiste Raum (EG 503,14)

SEGEN

MUSIK

„Ihr werdet die Wahrheit erkennen und die Wahrheit wird euch frei machen“

2

Gottesdienst in Erinnerung an Immanuel Kant

Musik

Lied Komm, o komm, du Geist des Lebens (EG 134,1)

Begrüssung

„Zwei Dinge erfüllen das Gemüt mit immer neuer und zunehmender Bewunderung und Ehrfurcht, je öfter und anhaltender sich das Nachdenken damit beschäftigt: Der bestirnte Himmel über mir und das moralische Gesetz in mir.“

Mit diesen Worten Immanuel Kants möchte ich diesen Gottesdienst einleiten. Der Blick auf den bestirnten Himmel soll in der Eingangsliturgie mit Psalm 8 gedanklich wieder aufgenommen werden. Ein zweites Zitat, mit dem er das Wesen der Aufklärung beschreibt, soll später in meiner Ansprache wiederkehren:

„Aufklärung ist der Ausgang des Menschen aus seiner selbst verschuldeten Unmündigkeit. Unmündigkeit ist das Unvermögen, sich seines Verstandes ohne Leitung eines anderen zu bedienen … Sapere aude! Habe Mut, dich deines eigenen Verstandes zu bedienen! ist also der Wahlspruch der Aufklärung.“

Ich will an dieser Stelle nicht verhehlen, dass es sich die Kirchen teilweise recht schwer gemacht haben mit Immanuel Kant, mit dem Philosophen, der die Gottesbeweise nachhaltig widerlegt hat. Sein Hauptwerk, die *Kritik der reinen Vernunft* wurde auf den päpstlichen Index gesetzt und wurde noch bis weit in das 20. Jahrhundert hinein vom Vatikan als für die Seelen der Gläubigen gefährliches Buch bezeichnet. Aber auch der Protestantismus besaß Vorbehalte gegenüber den Gedanken des Königsberger Philosophen. Man warf ihm vor, dass aus seiner Sicht Gott lediglich zur Hebung der Moral tauge.

Und doch hat die Theologie vielfach an sein kritisches Denken angeknüpft, vor allem in ihrer protestantischen Gestalt. Sie wurde durch ihn gezwungen, sich Rechenschaft abzulegen beispielsweise über ihre erkenntnistheoretischen Grundlagen.

LIED Mein erst Gefühl sei Preis und Dank (EG 451,1.7–10)

PSALM 8

Herr, unser Herrscher,
wie herrlich ist dein Name in allen Landen,
der du zeigst deine Hoheit am Himmel!
Aus dem Munde der jungen Kinder und Säuglinge
hast du eine Macht zugerichtet um deiner Feinde willen.
Wenn ich sehe die Himmel, deiner Finger Werk,
den Mond und die Sterne, die du bereitet hast:
was ist der Mensch, dass du seiner gedenkst,
und des Menschen Kind, dass du dich seiner annimmst?
Du hast ihn wenig niedriger gemacht als Gott,
mit Ehre und Herrlichkeit hast du ihn gekrönt.
Du hast ihn zum Herrn gemacht über deiner Hände Werk,
alles hast du unter seine Füße getan:
Schafe und Rinder allzumal,
dazu auch die wilden Tiere,
die Vögel unter dem Himmel und die Fische im Meer
und alles, was die Meere durchzieht.
Herr, unser Herrscher,
wie herrlich ist dein Name in allen Landen!

GEBET

Herr, unser Gott,
wir kommen heute zu dir
mit unseren Fragen
und unserer Hoffnung auf
bleibende Antworten.
Wir bitten dich, dass du uns
deine Wahrheit erkennen lässt,
eine Wahrheit, die frei macht
und aus der Unmündigkeit herausführt.

Lesung (mit verteilten Rollen)[1]

Erzähler: Als Sofie zu Alberto [ihrem Philosophielehrer] kam, entdeckte sie gleich eine Brille auf einem kleinen Tisch. Sie registrierte auch, dass beide Brillengläser rot waren.

Sofie: Es ist fast zwei. Ich muss spätestens um fünf zu Hause sein.

Alberto: Dann haben wir drei Stunden.

Sofie: Also los.

Alberto: Immanuel Kant wurde 1724 in der ostpreußischen Stadt Königsberg als Sohn eines Sattlers geboren. Er kam aus einem streng christlichen Zuhause. Seine christliche Überzeugung war deshalb auch eine wichtige Grundlage für seine Philosophie. Wie Berkeley wollte auch er das Fundament des christlichen Glaubens retten.

Sofie: Von Berkeley weiß ich jetzt genug, danke.

Alberto: Kant war auch der erste von den Philosophen, die wir behandelt haben, der an einer Universität als Professor angestellt war. Er kannte deshalb die philosophische Tradition wie kaum ein anderer. Er war mit den Rationalisten ebenso vertraut wie mit den Empirikern. Und er meinte, alle hätten ein bisschen Recht, aber er fand auch, dass alle sich ein bisschen irrten bei der Frage, ob die Welt genau so ist, wie wir sie empfinden – oder so, wie sie sich unserer Vernunft darstellt.

Sofie: Und was meinte Kant?

Alberto: Im Ausgangspunkt stimmte Kant Hume und den Empirikern darin zu, dass wir alle unsere Kenntnisse den Sinneserfahrungen verdanken. Aber auch in unserer Vernunft liegen wichtige Voraussetzungen dafür, wie wir die Welt um uns herum auffassen.

Sofie: Ein Beispiel bitte.

Alberto: Kannst du die Brille vom Tisch dort drüben holen? So, ja. Und jetzt setz sie dir auf.

Erzähler: Sofie setzte sich die Brille auf die Nase. Alles um sie herum färbte sich nun rot.

1 Ausschnitt aus Jostein Gaarder, Sofies Welt, 381–390.

Alberto: Was siehst du?

Sofie: Ich sehe genau dasselbe wie vorher, nur ist alles rot.

Alberto: Das liegt daran, dass die Brillengläser festlegen, wie du die Wirklichkeit erlebst. Alles, was du siehst, ist Teil einer Welt außerhalb deiner selbst; aber wie du alles siehst, hängt auch mit den Brillengläsern zusammen.

Sofie: Solange ich nicht die Brille abnehme.

Alberto: Die Brille ist die Voraussetzung dafür, wie du die Welt siehst. Und genauso, meint Kant, liegen auch Voraussetzungen in unserer Vernunft, die alle unsere Erfahrungen prägen.

Sofie: Von was für Voraussetzungen ist hier die Rede?

Alberto: Egal, was wir sehen, vor allem werden wir es als Phänomene in Zeit und Raum auffassen. Kant bezeichnete Zeit und Raum als die beiden „Formen der Anschauung" des Menschen. Ehe wir etwas erfahren, können wir wissen, dass wir es als Phänomen in Zeit und Raum auffassen werden. Wir sind unfähig, könnte man sagen, die Brillengläser der Vernunft abzusetzen.

Sofie: Er meinte also, dass es eine angeborene Eigenschaft von uns Menschen ist, die Dinge in Zeit und Raum aufzufassen?

Alberto: Gewissermaßen, ja.

Sofie: Aber existieren Zeit und Raum nicht außerhalb unser selbst?

Alberto: Nein, Oder jedenfalls ist das nicht das Entscheidende. Zeit und Raum sind vor allem Eigenschaften unseres Bewusstseins und nicht Eigenschaften der Welt.

Sofie: Das ist eine ganz neue Sichtweise.

Alberto: Kant behauptet, dass sich nicht nur das Bewusstsein nach den Dingen richtet. Die Dinge richten sich auch nach dem Bewusstsein. Auch das Kasualgesetz ist laut Kant Bestandteil der menschlichen Vernunft.

Sofie: Erklär mir das! Ich würde meinen, dass das Kasualgesetz in der Natur und nicht in uns Menschen liegt.

Alberto: Kant sagt, dass wir nicht sicher wissen können, wie die Welt „an sich" ist. Wir können nur wissen, wie die Welt „für mich“ ist – und also für alle Menschen. Wie die Dinge „an sich“ sind, können wir nie ganz sicher erfahren. Wir können nur wissen, wie die Dinge sich für uns „zeigen“. Zum Ausgleich können wir ohne jede Erfahrung sagen, wie die Dinge von der menschlichen Vernunft aufgefasst werden.

Sofie: Hast du ein Beispiel?

Alberto: Stell dir eine Katze vor, die im Zimmer auf dem Boden liegt. Stell dir dann vor, dass ein Ball ins Zimmer rollt. Was macht dann die Katze?

Sofie: Das habe ich schon oft ausprobiert. Die Katze läuft hinter dem Ball her.

Alberto: Ja. Und nun stell dir vor, dass du statt der Katze im Zimmer sitzt. Wenn du plötzlich siehst, dass ein Ball angerollt kommt, läufst du ihm dann auch sofort hinterher?

Sofie: Zuerst drehe ich mich um und sehe nach, woher der Ball kommt.

Alberto: Ja, weil du ein Mensch bist, wirst du unweigerlich die Ursache jedes Ereignisses suchen. Das Kasualgesetz ist also ein Teil deiner Konstitution. Aber Kant wies auch darauf hin, dass es klare Grenzen dafür gibt, was Menschen überhaupt erkennen können. Du kannst vielleicht sagen, dass ihnen die Brillengläser der Vernunft Grenzen setzen. Und doch wird es immer eine Eigenschaft der Vernunft des Menschen sein, zu fragen, woher so ein Ball kommt. Deshalb fragen und fragen wir und strengen uns bis zum Geht-nicht-mehr an, um Antworten auf die großen Fragen der Philosophie zu finden. Und doch erhalten wir niemals sichere Antworten, weil die Vernunft im Leerlauf rennt.

Sofie: Danke, genau dieses Gefühl kenne ich sehr gut.

Alberto: Bei den großen Fragen, die die Wirklichkeit im Ganzen angeht, werden immer zwei genau entgegengesetzte Standpunkte gleich wahrscheinlich und unwahrscheinlich sein.

Sofie: Beispiele bitte.

Alberto: Es ist genauso sinnvoll zu sagen, die Welt muss einen Anfang in der Zeit haben, wie zu sagen, dass sie keinen solchen Anfang hat. Die Vernunft kann zwischen den beiden Möglichkeiten nicht entscheiden. Und schließlich können wir mit unserer Vernunft auch nicht die Existenz Gottes beweisen.

Sofie: Und was ist mit den Gottesbeweisen von Descartes oder Thomas von Aquin?

Alberto: Er verwarf beide Gottesbeweise. Für die Vernunft ist es wahrscheinlich und unwahrscheinlich zugleich, dass es einen Gott gibt.

Sofie: Aber du hast zuerst gesagt, dass Kant die Grundlage des christlichen Glaubens retten wollte.

Alberto: Ja, und er lässt tatsächlich Raum für die Religion, dort nämlich, wo unsere Erfahrung und unsere Vernunft nicht hinreichen. Genau diesen Raum kann der religiöse Glaube ausfüllen.

Sofie: Und so hat er das Christentum gerettet?

Alberto: So kannst du das ausdrücken.

ZWISCHENMUSIK

GLAUBENSBEKENNTNIS

LIED Alles ist an Gottes Segen und an seiner Gnad gelegen (EG 352)

BIOGRAPHIE VON IMMANUEL KANT (mit Dias)

Wer war Immanuel Kant? Als viertes von elf Kindern wurde Immanuel Kant am 22. April 1724 in Königsberg geboren (Dia: Königsberg im 18. Jahrhundert). In dieser Stadt verbrachte er praktisch sein ganzes Leben, das er nach fast 80 Jahren am 12. Februar 1804 beenden sollte. Der Vater – Johann Georg Kant – war Riemermeister, der mit seiner Tätigkeit die Familie recht ordentlich ernähren konnte, aber dessen Möglichkeiten nicht ausreichten, das Studium seines begabten Sohnes vollständig zu finanzieren.

Die Mutter – Anna Regina, geb. Reuter – sollte für die Entwicklung ihres Sohnes Immanuel von großer Bedeutung werden. Zum einen wegen ihrer Frömmigkeit und zum anderen, weil sie sich mit großem Engagement der Ausbildung ihres begabten Sohnes widmete.

Für dessen Erziehung gewann sie in Franz Albert Schultz bald einen Mitstreiter, der sich fast väterlich des jungen Immanuel annahm. Schultz war zunächst Konsistorialrat und Prediger in Königsberg, wurde dann aber Professor für Theologie und Leiter des Collegium Fridericianum (Dia: Kupferstich des Collegium Fridericianum), einer als fortschrittlich geltenden höheren Schule, auf die der achtjährige Immanuel aufgenommen wurde. Ziel der Schule war es, die Kinder im Sinne von Philipp Jakob Spener oder August Hermann Francke „fromm, gelehrt und höflich" zu machen. Zugleich aber wurden den Schülern antike Autoren nahe gebracht, im Sinne des klassischen Bildungsideals. Während der Schulzeit starb Kants Mutter, ein schwerer Schlag für den Vierzehnjährigen. Im Rückblick schreibt er: „Nie werde ich meiner Mutter vergessen, denn sie pflanzte und nährte zuerst den Keim des Guten in mir, sie öffnete mein Herz den Eindrücken der Natur, sie weckte und erweiterte meine Begriffe, und ihre Lehren haben einen immerwährenden heilsamen Einfluss auf mein Leben gehabt."

Nach neun Jahren auf dem Collegium Fridericianum wechselte Kant als 16-Jähriger im Jahre 1740 auf die Königsberger Universität (Dia: Zeitgenössische Darstellung des Königsberger Universitätsgebäudes) und zog aus dem Elternhaus aus, um sich mit einem Freund eine „Bude" zu teilen. Den bescheidenen Lebensunterhalt finanzierte Kant mithilfe der Zuwendungen des Vaters und durch Privatstunden, die er gab. Außerdem stockte er seine Finanzmittel dadurch auf, dass er regelmäßig Geld durch Billardspiel gewann.

Die Mutter hatte sich zu ihren Lebzeiten gewünscht, dass ihr begabter Sohn Theologie studiert hätte. Doch Kant musste zunächst ein Grundstudium absolvieren, in dem er mit Fachgebieten in Berührung kam, die den sieben freien Künsten zugeordnet wurden, also der Philosophie, der Logik, der Mathematik und den Naturwissenschaften. Und diese Wissenschaften faszinierten Kant dermaßen, dass er das philosophische Grundstudium nicht einfach als notwendige Durchgangsstation auf dem Weg in eine der drei höheren Fakultäten Theologie, Medizin und Jura verstehen konnte. Den Naturwissenschaften und vor allem der Philosophie fühlte er sich bald derart verpflichtet, dass er sich keinen anderen Beruf wünschte als den des Philosophieprofessors.

Doch der Weg bis zu diesem Ziel sollte lange dauern. Als der Vater im Jahre 1746 starb, musste Kant sein Studium anscheinend ohne jeden Abschluss abbrechen und sich als Hauslehrer verdingen (Dia: Der junge Hauslehrer Kant). Dass Kant schon zu diesem Zeitpunkt gewillt war, einen Weg aus der gedanklichen Unmündigkeit zu gehen und sich seines Verstandes ohne die Leitung eines anderen zu bedienen, zeigt sein Erstlingswerk, in dem er noch etwas unbeholfen versucht, einen Streit zwischen den Schulen von Descartes und Leibniz zu schlichten.

Neun Jahre lang war Kant in verschiedenen Familien im Umkreis von Königsberg als Hauslehrer tätig. Es war für ihn gewiss nicht leicht, als Sohn eines Handwerkers in teilweise recht vornehmen Adelsfamilien zu Hause zu sein. Als Hauslehrer gehörte man nicht dem normalen Personal an und musste sich deshalb in der vornehmen Welt auf Anhieb zurechtfinden. So speiste man mit der Herrschaft gemeinsam am Tisch. Vor allem im Hause des Grafen Keyserling und dessen Gemahlin Reichsgräfin Karoline Charlotte Amalie wird Kant die feinen Umgangsformen gelernt haben (Dia: Scherenschnitt von Kant im Gehrock, mit Stock und Barett), die ihn später auszeichneten und die ihn zu einem beliebten Gast und amüsanten Gesprächspartner machten.

Nach neun Jahren gab Kant seine Hauslehrertätigkeit mit dem Ziel auf, sich in Königsberg zu habilitieren (Dia: Königsberg mit seiner Universität). Nach der dazu notwendigen Magisterdisputation (Dia: Titelblatt der Magisterdissertation) begann er ab 1755 als Privatdozent mit einer regelmäßigen Vorlesungstätigkeit.

Es folgten Jahre, in denen Kant sich immer wieder um eine Professur an der Königsberger Universität bewarb. Doch obwohl er inzwischen mehrere Arbeiten veröffentlicht hatte und einen guten Ruf besaß, wurde er immer wieder vertröstet. Die erste feste Stelle, die Kant als 42-Jähriger antrat (Dia: Portrait), war dann auch nicht die eines Philosophieprofessors, die er sich gewünscht hatte. Stattdessen wurde er Unterbibliothekar an der Königlichen Schlossbibliothek und wurde recht bescheiden bezahlt. Weitere Jahre des Wartens vergingen, in denen Kant dennoch bis zu 20 Wochenstunden seiner Vorlesungstätigkeit nachging, bis er endlich im März 1770 Professor für Logik und Metaphysik wurde. Der inzwischen fast 46-Jährige hatte es sich einiges kosten lassen, bis er endlich dieses Ziel erreicht hatte. Mit der Professur erhielt Kant die notwendige Sicherheit, um sich von nun an der denkerischen Aufgabe zu stellen, die er später gerne als kopernikanische Wende in der Philosophie bezeichnete.

Kaum hatte Kant die lang ersehnte Stellung als Professor für Logik und Metaphysik erhalten, begann er mit der Arbeit an seiner philosophischen Hauptschrift, der *Kritik der reinen Vernunft* (Dia: Titelblatt der Erstausgabe), die er aber erst 1781 drucken ließ. In den zehn Jahren, in denen er an dieser Schrift arbeitete, veröffentlichte Kant kein einziges Buch, obwohl er von mehreren Seiten dazu gedrängt wurde. Zu neu und umwälzend waren seine Gedanken über die Möglichkeit und Unmöglichkeit der Vernunft. Bevor sich der Königsberger Gelehrte ein abschließendes Urteil erarbeitet hatte, konnte er sich nicht wieder in den öffentlichen Diskurs einschalten.

Ein gewisser Einschnitt wird für den inzwischen Anfang 60-jährigen Immanuel Kant die Anschaffung eines eigenen Hauses dargestellt haben (Dia: Kants Haus – Ansicht aus der Prinzessin-Straße). Für einen Menschen, der wie Immanuel Kant seinen Tagesablauf so gleichmäßig gestaltete, dass Königsberger Bürger ihre Uhren nach seinem Spaziergang stellten, war jede äußere Veränderung der Lebensumstände von großer Bedeutung. Kants neu erworbenes Haus war ganz in der Nähe des Schlosses gelegen und verfügte über einen recht großen Garten (Dia: Garten mit Blick auf das Schloss). Das mehrgeschossige Haus trug dazu bei, dass der im hohen Alter immer gebrechlicher werdende Gelehrte seinem Beruf bequemer nachkommen konnte. So konnte er seine Vorlesungen von nun an im eigenen Haus halten, das im Erdgeschoss einen Hörsaal bereit hielt (Dia: Grundriss des Kant-Hauses).

Immanuel Kant unterwarf sein Leben einem äußerst gleichmäßigen Tagesrhythmus. Um Punkt 5.00 Uhr ließ er sich von seinem Diener wecken. Nach dem Aufstehen bereitete er seine Vorlesungen vor, die er gewöhnlich zwischen 7.00 und 9.00 Uhr hielt. Nach den Vorlesungen arbeitete Kant im eigentlichen Sinne philosophisch bis pünktlich um 13.00 Uhr. In dieser Zeit muss er seinen umwälzenden philosophischen Entwurf erarbeitet und seine vielen Schriften verfasst haben. Um 13.00 Uhr begann das Mittagessen, zu dem Kant stets eine Schar von Gästen einlud, mindestens drei, aber höchstens neun (Dia: Kant inmitten einer Tischgesellschaft). Die angeregten Tischgespräche, die bis 16.00 oder gar 17.00 Uhr dauern konnten, waren für den Gelehrten eine Zeit der Entspannung. Man täte Kant Unrecht, wenn man in ihm einen trockenen Kopfmenschen sehen würde. Die ausgedehnten Tischgesellschaften zeigen, dass er von Herzen genießen konnte. Und zugleich war er ein unterhaltsamer Hausherr, der humorvoll und witzig gewesen sein muss. Die Gespräche, bei denen Kant stets den Mittelpunkt bildete, drehten sich meist um politische und gesellschaftliche Fragen. Über Philosophie mochte Kant während des Mittagessens nicht sprechen. Wie wichtig dem Gelehrten der kulinarische Genuss war, zeigt sich daran, dass er gerne in einem Mörser Senf herstellte (Dia: Federzeichnung – Kant mit Mörser), womit er fast alle Speisen zu würzen pflegte.

Die engsten Freunde Kants waren selbst keine Philosophen und gehörten auch nicht zum Wirkungsbereich der Universität. Besonders verbunden fühlte sich Kant mit dem englischen Kaufmann

Joseph Green (Dia: Portrait), aus dessen Erfahrungsschatz manches Beispiel stammte, das Kant seinen philosophischen Schriften als Untermahlung beigab. Gerne spazierte Kant nach dem Essen zum Gartenhaus seines Freundes, wobei es sich oft ereignete, dass er Green schlafend in einem Lehnstuhl vorfand. Dann setzte sich Kant gern in einen anderen Stuhl und schlief ebenfalls ein. Ein weiterer gemeinsamer Freund, der Bankdirektor Ruffmann, traf dann die Herren Kant und Green schlafend an, setzte sich ebenfalls, um bald in den Schlaf zu fallen. So schliefen die drei bis der Schwager Greens kam und sie weckte, woraufhin die vier Herren sich angeregt bis gegen 19.00 Uhr unterhielten.

Im Jahre 1793 wagte sich Immanuel Kant auf das Gebiet der Theologie mit der Schrift *Die Religion innerhalb der Grenzen der bloßen Vernunft* (Dia: Titelseite der Erstausgabe). Der Religion wird durch den Moralphilosophen Kant vor allem eine Funktion für die Ethik zugestanden. Ansonsten kritisiert er die Kirche seiner Zeit in vielerlei Hinsicht und nennt sie eine Pfaffenkirche. Außerdem wirft er ihr vor, ihre Handlungen magisch zu missdeuten und als Mittel zum Heil anzupreisen. Diese Schrift führte dazu, dass Kant in Konflikt geriet mit der preußischen Zensurbehörde und sich nun nicht mehr über theologische Fragen äußerte. Fast singulär innerhalb der Aufklärung, die ansonsten ein äußerst optimistisches Menschenbild bereithielt, war Kants Rückgriff auf die klassische Erbsündenlehre, die er allerdings stark modifizierte. So konnte er von einem Hang des Menschen zum Bösen sprechen, den er als das radikal Böse bezeichnete.

1793 ging Kant in den Ruhestand (Dia: Portrait des alten Kant) und ab 1794 schränkte er seine Lehrtätigkeit allmählich ein. Doch die Arbeit am Schreibtisch blieb noch über Jahre uneingeschränkt bestehen. So veröffentlichte er unter anderem 1795 die politische Schrift *Zum ewigen Frieden* und 1797 die *Metaphysik der Sitten*.

Kant musste niemals wegen einer Krankheit seine Lehrtätigkeit einschränken – wohl eine Folge seines geregelten Lebenswandels. Doch im Ruhestand musste er seinem Körper Tribut zollen. Er hielt zwar noch in eingeschränktem Maße Vorlesungen, musste sie nun aber zunehmend ausfallen lassen aufgrund von Krankheit oder wegen seines hohen Alters. Bald stellte er die Lehrtätigkeit ganz ein.

Mitte Januar des Jahres 1804 berichtete die in Leipzig erscheinende *Zeitung für die elegante Welt*: „Kants irdische Hülle nähert sich ihrer Auflösung. Er hat kaum noch einiges Bewusstsein. Seine Sprache ist gebrochen, seine Gedanken verworren." Weiter wird in der Zeitschrift berichtet, dass sich Kant nach seinem Tod sehne.

Etwa vier Wochen nach diesem Bericht starb er Sonntagvormittag, am 12. Februar 1804 in seinem Haus in Königsberg im Beisein seines treuen Dieners.

Heute findet der Besucher auf Kants Grabstein das eingangs schon erwähnte Zitat: „Zwei Dinge erfüllen das Gemüt mit immer neuer und zunehmender Bewunderung und Ehrfurcht, je öfter und anhaltender sich das Nachdenken damit beschäftigt: Der bestirnte Himmel über mir und das moralische Gesetz in mir."

Zwischenmusik

Ansprache

Meiner heutigen Ansprache lege ich zwei Bibelverse aus Johannes 8 zugrunde, die – wie ich finde – gut zu Immanuel Kants Denken passen: Jesus Christus spricht: „Wenn ihr bleiben werdet in meinem Wort, so seid ihr wahrhaftig meine Jünger und werdet die Wahrheit erkennen und die Wahrheit wird euch frei machen" (Joh 8,31b–32). Diese Worte Jesu kreisen um den Begriff der Wahrheit und zugleich um den der Freiheit. Die Erkenntnis der Wahrheit verheißt Jesus seinen Jüngern als Folge davon, dass sie sich an sein Wort halten. Wenn Jesus ihnen die Erkenntnis der Wahrheit verheißt, dann verlangt er keine kritiklose Übernahme seiner Lehre. Die Jünger sollen vielmehr selbständig seine Worte als ihre eigene Wahrheit erkennen. Er will sie überzeugen und nicht einfach nur überreden. Und so will der christliche Glaube auch von uns in Freiheit nachvollzogen und nicht kritiklos angenommen werden. Auf keinen Fall fordert der Glaube das Opfer unseres Verstandes. Wie Jesu Jünger sind auch wir aufgerufen, die Wahrheit des christlichen Glaubens zu unserer Wahrheit zu machen und uns dabei des kritischen Verstandes zu bedienen.

In den Worten Jesu wird nun der Begriff der Wahrheit dem der Freiheit zugeordnet, als Folge der Erkenntnis der Wahrheit: „Und die Wahrheit wird euch frei machen." Freiheit wird also nach den Worten Jesu durch die Wahrheit ermöglicht. Und das leuchtet ein, wenn wir unter Freiheit eine innere Freiheit verstehen, die sich der äußeren Unterdrückung entziehen kann.

Wahrheit und Freiheit – diese beiden Begriffe spielen auch in Immanuel Kants Denken eine wichtige Rolle und so will ich die Worte Jesu über die Wahrheit, die frei macht, in Beziehung setzen zu drei Gedanken des Königsberger Philosophen:

1. „Ihr werdet die Wahrheit erkennen und die Wahrheit wird euch frei machen." Die beiden Begriffe Wahrheit und Freiheit werden von Kant gestreift in einem Aufsatz aus dem Jahre 1784, in dem er der Frage nach dem Wesen der Aufklärung nachgeht: „Was ist Aufklärung?" Hier definiert er Aufklärung als eine umfassende Befreiungsbewegung: „Aufklärung ist der Ausgang des Menschen aus seiner selbst verschuldeten Unmündigkeit. Unmündigkeit ist das Unvermögen, sich seines Verstandes ohne Leitung eines anderen zu bedienen. Selbst verschuldet ist diese Unmündigkeit, wenn die Ursache derselben nicht am Mangel des Verstandes, sondern der Entschließung des Mutes liegt, sich seiner [nämlich des Verstandes] ohne Leitung eines anderen zu bedienen. Sapere aude! Habe Mut, dich deines eigenen Verstandes zu bedienen! ist also der Wahlspruch der Aufklärung."

Bei der Aufklärung handelt es sich also nach Kant um eine Befreiungsbewegung, die bei der selbständigen Suche nach der Wahrheit beginnt. Doch der Weg aus der Abhängigkeit ist gar nicht so leicht und er erfordert Mut. Den Mut eines Schülers, sich von einem bewunderten Lehrer innerlich zu distanzieren, um dann eigenständig zu werden. Es braucht Mut, in gewisser Weise über die geliebten Eltern hinauszuwachsen oder über die vielen Vorbilder, die unseren Lebensweg begleitet und geprägt haben.

Und dabei bedeutet Aufklärung nicht, an die Stelle einer früheren Autorität eine neue treten zu lassen, wie dies während der Aufklärungszeit vielfach geschah. An die Stelle der alten Autoritäten Aristoteles oder Thomas von Aquin sah Kant zu seiner Zeit die vielen zeitgenössischen Denker treten. Und für manche Popularphilosophen rückte die Vernunft an die Stelle Gottes. Kant konnte deshalb mit feiner Ironie sagen, dass der Feind der Aufklärung solche Aufklärer seien, die ähnlich wie die früheren Autoritäten die selbständige Wahrheitssuche erschwerten. Und zwar umso mehr, je mehr die populären Aufklärer sich im Wissen um ihre Vernunft aalten und zu jeder Frage eine mehr oder weniger treffende Antwort bereit hielten. Im Gegensatz zu ihnen wusste Kant um das Bruchstückhafte, Endliche und Selbstgemachte allen

Wissens. In seiner philosophischen Hauptschrift hatte er ja nachgewiesen, wie wenig die Vernunft von ihrer Voraussetzung her fähig ist, die großen philosophischen Fragen zu entscheiden. Sie mit Gott gleich oder gar an seine Stelle zu setzen, wäre dem Königsberger nie und nimmer eingefallen.

Aufklärung ist nach Kant ein lebenslanger Prozess, während dem wir immer wieder den Mut fassen müssen, uns unseres eigenen, freien Verstandes zu bedienen. Aufklärung bedeutet, einen eigenständigen Weg zur Wahrheit zu finden, ohne sich von den großen oder populären Denkern sowie den geliebten Lehrern abhängig zu machen. Insofern spricht die Aufklärung, ganz ähnlich wie der christliche Glaube, jedem Menschen seine Freiheit zu und macht seine ganz besondere Würde deutlich. Sie zeigt – wie es in der biblischen Sprache heißt – dass jeder Mensch ein Ebenbild Gottes ist.

2. „Ihr werdet die Wahrheit erkennen und die Wahrheit wird euch frei machen." Die meisten von Ihnen werden mit Immanuel Kant den kategorischen Imperativ verbinden: „Handle nur nach derjenigen Maxime, durch die du zugleich wollen kannst, dass sie ein allgemeines Gesetz werde." Dieser knappe Satz ist so etwas wie die Essenz der Kant'schen Ethik. In seinem Sinne sollen wir unser Tun danach ausrichten, dass unsere handlungsleitende Grundeinstellung stets zu einem allgemeinen Gesetz werden kann. Wir sind an die goldene Regel oder an das Sprichwort erinnert: „Was du nicht willst, das man dir tu, das füg auch keinem andern zu."

Setzen wir Kants Ethik in Beziehung zu den beiden Begriffen Wahrheit und Freiheit, dann müssen wir ihren Wahrheitsgehalt anerkennen. Ja, es wäre gut, wenn jeder Mensch nach dem kategorischen Imperativ handeln würde. Dann müssten wir keine Diskussion über den Sozialmissbrauch führen, bräuchten nicht zu befürchten, dass der Sozialstaat unrechtmäßig ausgenutzt wird. Dann müsste auch nicht vor Gericht geklärt werden, ob Spitzenmanager durch die Aussicht auf eine Abfindung in Millionenhöhe in ihrer Entscheidung beeinflusst worden sind. Am Wahrheitsgehalt des kategorischen Imperativs ist nicht zu zweifeln. Doch zugleich erscheint er uns durchdrungen von einem Geist der Pflichterfüllung, der Angst macht. Was hat denn eine solche Ethik mit Freiheit zu tun? Lässt denn der kategorische Imperativ noch Luft zum Atmen und können wir ihn denn überhaupt erfüllen?

Dass für Kant neben der Pflicht auch die schönen Seiten des Lebens Platz hatten, zeigt sein Tagesablauf. So arbeitete er lediglich bis 13.00 Uhr. Schon vor dieser Zeit, saß er zur Tür gewandt, weil er die Ankunft seiner Gäste sehnlichst erwartete. Denn sie befreiten ihn von der Schreibtischarbeit und läuteten die angenehmen Stunden der Entspannung ein. Drei bis vier Stunden nahm sich Kant Zeit, um in aller Ruhe und in mehreren Gängen zu speisen. Gern trank er einen Wein dazu. Nach den Stunden der Arbeit konnte Kant offensichtlich genießen. Mit einem guten Gefühl machte er sich nach dem Essen gern auf den Weg zu Freund Green, um dort in einem Gartenstuhl ein Nickerchen zu halten und anschließend gepflegte Konversation zu treiben.

So ist Pflicht im Sinne Kants als Ermöglichung der Freiheit zu verstehen. Ohne die Arbeit während des Vormittags hätte er den Nachmittag nicht mit einem guten Gefühl so gestalten können, wie er das liebte. Und das ist auch in der heutigen Zeit gut nachzuvollziehen. Muße empfinde ich am stärksten nach der Arbeit, gehört doch zur Entspannung immer die vorherige Anspannung.

3. „Ihr werdet die Wahrheit erkennen und die Wahrheit wird euch frei machen." Ganz aktuell sind Kants Gedanken, einen Völkerbund zu bilden, damit die verschiedenen Nationen friedlich miteinander und nebeneinander leben können. Durch eine internationale Rechtsordnung sollte es den einzelnen Staaten untersagt werden, immer wieder Kriege zu verursachen. Wie die nationale Gesetzgebung das Zusammenleben der Menschen regelt, so sollten internationale Gesetze die friedliche Koexistenz der Völker ermöglichen. Kein Staat sollte sich in die Regierung eines anderen Staates einmischen oder diesen gar kriegerisch überfallen. Diese 1795 in der politischen Schrift *Zum ewigen Frieden* veröffentlichten Gedanken waren zu Kants Zeit nicht nur neu, sondern geradezu visionär. Der Königsberger Philosoph war sich dessen auch bewusst und beschrieb die Idee des Völkerbundes deshalb als einen Weg, der schrittweise verwirklicht werden müsse, bis ihm zuletzt alle Nationen der Erde angehören würden.

Vom Sinn oder – wenn man so will – von der Wahrheit dieser von Kant vorgeschlagenen Idee eines Völkerbundes sind wir heute überzeugt. Die weit über hundert Jahre nach Kant gegründete Organisation hat sich bewährt, auch wenn sie immer wieder in die Krise gestürzt wurde und wird. Nur indem sich die Völker gegenseitig respektieren und anerkennen, kann die Freiheit jeder Nation und damit auch die Freiheit der Bürgerinnen und Bürger der verschiedenen Länder ermöglicht werden.

Wahrheit und Freiheit – die beiden Begriffe aus Johannes 8 – spielen in Kants Denken eine große Rolle. Dabei zeigt die Wahrheit uns Menschen unsere Grenzen auf, macht aufmerksam auf die Beschränkung unserer Vernunft, zeigt, dass wir oft nicht so sind, wie wir sein sollten. Nach den Worten Jesu aber soll uns gerade diese Wahrheit in die Freiheit führen, in die Freiheit, die uns trotz allem unsere Würde zuspricht und die deutlich macht, dass wir nur wenig niedriger gemacht sind als Gott und mit Ehre und Herrlichkeit gekrönt sind.

LIED Wenn der Herr einst die Gefangnen ihrer Bande ledig macht (EG 298)

FÜRBITTEN

Alte Ordnungen vergehen,
Gott, du Anfang und Ende,
aber deine Ordnung hat bereits begonnen,
die uns frei gemacht hat durch deinen Geist,
der in unsere Herzen gegeben ist.
Du hast uns gelehrt, dich Vater zu nennen.
Du hast unsere Augen geöffnet,
hast uns Hoffnung gegeben,
damit wir in der herrlichen Freiheit
der Kinder Gottes leben sollen.

Wir beten zu dir, damit diese Freiheit sich ausbreite
und mit uns allen Menschen dieser Welt gilt.
Wir beten für unsere Schwestern und Brüder,
wo sie in innerer und äußerer Armut leben
und gefangen sind in einem Netz
von Ungerechtigkeit und Gleichgültigkeit:
Gib den Machtlosen die Kraft, sich zu befreien,

hilf, dass die Verachteten neue Würde gewinnen,
und die Besitzlosen und Unterdrückten fähig werden,
einen Platz in der Gemeinschaft der freien Menschen
zu erlangen.

Wir beten zu dir, damit die Freiheit sich ausbreite
auch in deiner Kirche.
Gib denen, die in der Kirche Verantwortung tragen,
eine Vision von der Freiheit,
zu der du die ganze Christenheit befreien willst.
Gib uns die Weisheit,
in den Worten der Kinder,
der Bedürftigen und der Schwachen
die Stimme der Wahrheit zu hören.

Wir beten zu dir, damit die Freiheit sich ausbreite
auch unter uns.
Wir sind in Gefahr,
die Finsternis mehr zu lieben als das Licht.
Wir schrecken vor der Verantwortung der Freiheit zurück,
vor der Ungewissheit deines Weges.
Wir weichen oft zurück
und ziehen die unmündig haltende Sicherheit
dem Abenteuer des verheißenen Landes vor.
Rufe uns in die Freiheit, damit wir dir folgen,
der du mit uns unterwegs bist.

Gott, du Leben der Welt,
der du uns frei machst und einst,
lass uns den Sinn deines Weges erkennen,
indem wir ihn gehen.

STILLE

VATER UNSER

LIED Du Morgenstern, du Licht vom Licht (EG 74)

SEGEN

MUSIK

3 Gottes Geist macht frei

Literaturgottesdienst am Pfingstfest mit Texten aus „Der kleine Prinz" von Antoine de Saint-Exupéry

MUSIK

LIED O komm, du Geist der Wahrheit (EG 136,1)

VOTUM

„Es soll nicht durch Heer oder Kraft,
sondern durch meinen Geist geschehen,
spricht der Herr Zebaoth" (Sacharja 4,6).

Der pfingstliche Geist führt uns heraus aus engen Grenzen. Er setzt uns frei, anderen Menschen in Freiheit zu begegnen, und führt uns zusammen zu einer neuer Gemeinschaft.

LIED Freut euch, ihr Christen alle (EG 129)

PSALM 27

Der Herr ist mein Licht und mein Heil;
vor wem sollte ich mich fürchten?
Der Herr ist meines Lebens Kraft;
vor wem sollte mir grauen?
Wer mich zu Fall bringen möchte,
dessen Füße wird Gott straucheln lassen,
dass er selbst zu Boden fällt.
Selbst wenn sich ein ganzes Heer gegen mich erhebt,
brauchte ich mich nicht zu fürchten,
denn Gott ist mein Licht und steht mir zur Seite,
er ist mein Heil und auf seine Hilfe kann ich trauen.
Ich finde Zuflucht im Hause des Herrn,
deshalb bitte ich ihn,
dass ich bleiben könne in seinem Hause mein Leben lang,
um die schönen Gottesdienste zu erleben
und seinen Tempel zu betrachten.

Denn an der heiligen Stätte
bin ich geborgen wie in einer Hütte vor dem Regen
und geschützt wie unter dem Dach des Zeltes.
Dort stehe ich fest wie auf einem Felsen.
Er erhört meine Stimme, wenn ich zu ihm rufe:
„Sei mir gnädig und erhöre mein Gebet!"
Ich suche deine Nähe, Gott,
und bitte dich, dass du dich nicht vor mir verbirgst.
Wende dich nicht ab von mir im Zorn
und verlass mich nicht.
Denn du bist meine Hilfe
und mein Heil.
Auch wenn die Menschen mich verlassen,
nimmst du mich auf.
Du weist mir mit deinem Licht den rechten Weg
und leitest mich auf der guten Straße.

LIEDRUF Laudate omnes gentes (EG 181.6)

LESUNG[2]

Der Brunnen, den wir erreicht hatten, glich nicht den Brunnen der Sahara. Die Brunnen der Sahara sind einfach, in den Sand gegrabene Löcher. Dieser da glich einem Dorfbrunnen. Aber es war keinerlei Dorf da, und ich glaubte, zu träumen.

„Das ist merkwürdig", sagte ich zum kleinen Prinzen, „alles ist bereit: die Winde, der Kübel und das Seil."

Er lachte, berührte das Seil, ließ die Rolle spielen. Und die Rolle knarrte wie ein altes Windrad, wenn der Wind lange geschlafen hat.

„Du hörst", sagte der kleine Prinz, „wir wecken diesen Brunnen auf, und er singt."

Ich wollte nicht, dass er sich abmühte.

„Lass mich das machen", sagte ich zu ihm, „das ist zu schwer für dich."

Langsam hob ich den Kübel bis zum Brunnenrand. Ich stellte ihn dort schön aufrecht. In meinen Ohren war noch immer der Gesang der Zugwinde, und im Wasser, das noch zitterte, sah ich die Sonne zittern.

2 Ausschnitt aus Antoine de Saint-Exupéry: Der kleine Prinz, 77–79.

„Ich habe Durst nach diesem Wasser“, sagte der kleine Prinz, „gib mir zu trinken.“

Und ich verstand, was er gesucht hatte.

Ich hob den Kübel an seine Lippen. Er trank mit geschlossenen Augen. Das war wie ein Fest. Dieses Wasser war etwas ganz anderes als ein Trunk. Es war entsprungen aus dem Marsch unter den Sternen, aus dem Gesang der Rolle, aus der Mühe meiner Arme. Es war gut fürs Herz, wie ein Geschenk. Genauso machten, als ich ein Junge war, die Lichter des Christbaums, die Musik der Weihnachtsmette, die Sanftmut des Lächelns den eigentlichen Glanz der Geschenke aus, die ich erhielt.

„Die Menschen bei dir zu Hause“, sagte der kleine Prinz, „züchten fünftausend Rosen in ein und demselben Garten und doch finden sie dort nicht, was sie suchen.“

„Sie finden es nicht“, antworte ich.

„Und dabei kann man das, was sie suchen, in einer einzigen Rose oder in einem bisschen Wasser finden.“

„Ganz gewiss“, antwortete ich.

Und der kleine Prinz fügte hinzu:

„Aber die Augen sind blind. Man muss mit dem Herzen suchen.“

Gebet

Gott, dein Geist erfüllt uns mit Freude
und schenkt uns Mut, wenn wir verzagen.
Dein Geist legt Weisheit auf unsere Lippen
und ruft in deine Gemeinschaft, die nichts von dir wussten.
Gib auch uns das Licht deiner Weisheit,
und sende uns deinen tröstenden Geist,
wenn wir leiden müssen.
Dies bitten wir durch Jesus Christus,
unseren Herrn und Bruder,
der mit dir und dem Heiligen Geist
lebt und Leben schafft in Ewigkeit.

Schriftlesung (Gen 11,1–9)

Es hatte aber alle Welt einerlei Zunge und Sprache. Als sie nun nach Osten zogen, fanden sie eine Ebene im Lande Schinar und wohnten daselbst. Und sie sprachen untereinander: Wohlauf, lasst uns Ziegel streichen und brennen! – und nahmen Ziegel als Stein und Erdharz als Mörtel und sprachen:

Wohlauf, lasst uns eine Stadt und einen Turm bauen, dessen Spitze bis an den Himmel reiche, damit wir uns einen Namen machen; denn wir werden sonst zerstreut in alle Länder.

Da fuhr der Herr hernieder, dass er sähe die Stadt und den Turm, die die Menschenkinder bauten. Und der Herr sprach: Siehe, es ist einerlei Volk und einerlei Sprache unter ihnen allen, und dies ist der Anfang ihres Tuns; nun wird ihnen nichts mehr verwehrt werden können von allem, was sie sich vorgenommen haben zu tun.

Wohlauf, lasst uns herniederfahren und dort ihre Sprache verwirren, dass keiner des andern Sprache verstehe! So zerstreute sie der Herr von dort in alle Länder, dass sie aufhören mussten, die Stadt zu bauen. Daher heißt ihr Name Babel, weil der Herr daselbst verwirrt hat aller Länder Sprache und sie von dort zerstreut hat in alle Länder.

GLAUBENSBEKENNTNIS

MUSIK

DIALOGPREDIGT

1. Sprecher(in):

Wir feiern Pfingsten, das Fest des Heiligen Geistes; wir feiern die Kraft der Verständigung der Völker, die Möglichkeit der Erneuerung des Menschen durch den Geist Gottes. Der Geist Gottes ist es, der uns Menschen sprachfähig macht zu beten, zu reden, in seinem Sinne zu handeln. Der Geist Gottes ist es, der uns Menschen auch untereinander sprachfähig machen soll, dass wir uns wahrhaft begegnen, Worte finden, die den Mitmenschen ansprechen. Auch die Worte der Bibel leben von jenem Geist, der sie uns immer wieder lebendig werden lässt. Manchmal bedarf es dazu erklärender, anderer Worte, um die Texte der Bibel neu zu verstehen. Möge sein Geist uns leiten, wenn wir uns dem heutigen Predigttext nähern wollen. Möge sein Geist uns leiten, wenn wir den Predigttext in Beziehung setzen zu einem Text von Antoine de Saint-Exupéry, nämlich einigen Passagen aus dem *Kleinen Prinzen.* Vielleicht machen wir neue Entdeckungen in der wechselseitigen Kommunikation der Texte und lassen uns auf Ungewohntes ein.

2. Sprecher(in):
Lesung des Predigttextes (Joh 4,5–14)

Da kam Jesus in die Nähe der Stadt Sychar in Samaria. Weil er nun müde war von der Reise, setzte er sich nieder an den Brunnen, den Jakob einst gegraben hatte. Als es ungefähr zwölf Uhr mittags war, kam eine Frau aus Samaria, um Wasser zu schöpfen. Und Jesus sprach zu ihr: „Gib mir zu trinken!" Seine Jüngerinnen und Jünger waren nämlich in die Stadt gegangen, um Essen zu kaufen. Da sprach die Frau aus Samaria zu ihm: „Du bittest mich um etwas zu trinken, der du ein Jude bist und ich eine samaritische Frau?" – Jüdische und samaritische Menschen haben nämlich keine Gemeinschaft miteinander.

Jesus antwortete und sprach zu ihr: „Wenn du das Geschenk Gottes kennen würdest und wer der ist, der zu dir sagt: ‚Gib mir zu trinken!', du bätest ihn, und er gäbe dir lebendiges Wasser." Da sprach die Frau zu ihm: „Herr, du hast doch nichts, womit du schöpfen könntest, und der Brunnen ist tief; woher hast du denn lebendiges Wasser? Bist du etwa größer als unser Vater Jakob, der uns diesen Brunnen gab und selbst aus ihm trank und auch seine Kinder und sein Vieh?"

Jesus antwortete und sprach zu ihr: „Alle, die von diesem Wasser trinken, werden wieder durstig; die aber von dem Wasser trinken, das ich ihnen gebe, werden bis in Ewigkeit nicht mehr durstig sein, sondern das Wasser, das ich ihnen gebe, wird in ihnen zu einer Quelle sprudelnden Wassers für das ewige Leben."

1. Sprecher(in):

Eine ungewöhnliche Begegnung zweier Menschen, die unter den Bedingungen der damaligen Zeit schwerlich miteinander ins Gespräch gekommen wären. Jesus unterhält sich mit einer Frau am Jakobsbrunnen. Wie kam es dazu? Während seiner Wanderung mit seinen Jüngerinnen und Jüngern zieht Jesus auch durch das Gebiet von Samarien, einer für ihn und seine Freunde eher unheimlichen Gegend. Denn zwischen Juden und Samaritern herrschte schon seit einigen Jahrhunderten eine starke Rivalität in politischer wie religiöser Hinsicht. Doch Jesus lässt sich von der Andersartigkeit und Eigenwilligkeit der Samariter offensichtlich nicht abschrecken.

Er macht keinen Umweg um diesen Landstrich, wie das viele seiner Landsleute getan hätten, sondern begibt sich vielleicht ganz bewusst in dieses Gebiet. Dabei gelangt er in die Nähe des Berges Garizim, auf dem die Samariter ihr Heiligtum errichtet hatten, um von dem Tempel in Jerusalem unabhängig zu sein. Nicht nur, dass Jesus durch diese Gegend zieht, er geht auch auf die dort lebenden Menschen direkt zu, wie die Begegnung zwischen ihm und jener samaritischen Frau zeigt. Jesus hat keine Berührungsängste, er zeigt viel Vertrauen. Er nimmt Kontakt auf mit denen, mit denen die Juden sonst keine Gemeinschaft halten. Er macht sich mit ihnen vertraut.

2. Sprecher(in):
Lesung aus *Der kleine Prinz*[3]

„Guten Tag", sagte der Fuchs.
„Guten Tag", antwortete höflich der kleine Prinz, der sich umdrehte, aber nichts sah.
„Ich bin da", sagte die Stimme, „unter dem Apfelbaum …"
„Wer bist du?" sagte der kleine Prinz. „Du bist sehr hübsch …"
„Ich bin ein Fuchs", sagte der Fuchs.
„Komm und spiel mit mir", schlug ihm der kleine Prinz vor. „Ich bin so traurig …"
„Ich kann nicht mit dir spielen", sagte der Fuchs. „Ich bin noch nicht gezähmt!"
„Ah, Verzeihung!" sagte der kleine Prinz.
Aber nach einiger Überlegung fügte er hinzu:
„Was bedeutet ‚zähmen'?"
„Du bist nicht von hier", sagte der Fuchs, „was suchst du?"
„Ich suche die Menschen", sagte der kleine Prinz. „Was bedeutet ‚zähmen'?"
„Zähmen, das ist eine in Vergessenheit geratene Sache", sagte der Fuchs. „Es bedeutet, sich ‚vertraut machen'."
„Vertraut machen?"
„Gewiss", sagte der Fuchs. „Noch bist du für mich nichts als ein kleiner Junge, der hunderttausend kleinen Jungen völlig gleicht. Ich brauche dich nicht, und du brauchst mich ebenso wenig. Ich bin für dich nur ein Fuchs, der hunderttausend Füchsen gleicht. Aber wenn du mich zähmst, werden wir

3 Ausschnitt aus Antoine de Saint-Exupéry: Der kleine Prinz, 64–66.

einander brauchen. Du wirst für mich einzig sein in der Welt. Ich werde für dich einzig sein in der Welt … “

1. Sprecher(in):

„Ich kann nicht mit dir spielen“, sagte der Fuchs. „Ich bin noch nicht gezähmt!“ – „Wie, du bittest mich um etwas zu trinken, der du ein Jude bist und ich eine samaritische Frau?“, fragte die Frau Jesus, nachdem dieser ein paar Worte an sie gerichtet hatte. Die Frau grenzt sich ab, weil Jesus hier offenbar eine Grenze überschreitet – die Grenze zwischen Mann und Frau und zwischen Juden und Samaritern. Ähnlich verhält es sich ja bei der Begegnung zwischen dem kleinen Prinzen und dem Fuchs. Auch hier wird eine Grenze deutlich. Denn in der Regel spielen Füchse nicht mit kleinen Prinzen. Und der Fuchs ist sich dieser Grenze wohl bewusst. Er muss erst gezähmt werden, bevor er sich vertrauensvoll dem kleinen Prinzen nähern kann.

Vielleicht ist das ja bei der Begegnung zwischen der Samariterin und Jesus ähnlich. Vielleicht will sie zunächst den Abstand halten, weil sie Angst hat, verletzt zu werden. Denn sie hatte ja ihre Geschichte und hielt sich von den Leuten fern. Sie ging ja nicht umsonst in der größten Hitze des Tages an den Brunnen, zu einer Zeit, in der davon auszugehen war, dass ihr niemand begegnete.

Und nun trifft sie einen Mann am Brunnen, der sie auch noch anspricht und um Wasser bittet. Ganz vorsichtig tastet sie ab, ob sie auf das Gesprächsangebot eingehen soll oder nicht. Fast so wie der Fuchs, der erst allmählich immer mehr Nähe zwischen sich und dem kleinen Prinzen zulassen kann.

2. Sprecher(in):

Jesus geht noch weiter; nicht nur, dass er mit dieser Frau redet. Er bietet ihr lebendiges Wasser an, das in das ewige Leben quillt. Unvorstellbar, ein Wasser, das den Durst stillt in Ewigkeit! Dieses Angebot klingt verlockend. Zunächst scheint es der Frau als ganz praktikable Lösung, den lästigen Weg zum Brunnen in der Hitze des Tages meiden zu können. Was aber der wahre Genuss dieses Wassers eigentlich bedeutet, kann sie in diesem Augenblick des Gesprächs noch nicht begreifen. Das lebendige Wasser, welches in der Begegnung mit Jesus die tiefe Sehnsucht nach reichem und erfülltem Leben stillt und die Menschen neu werden lässt in der Kraft seines Geistes. Diese Dimension ist ihr zunächst noch verborgen.

1. Sprecher(in):
Lesung aus *Der kleine Prinz*[4]

„Guten Tag", sagte der kleine Prinz.
„Guten Tag", sagte der Händler.
Er handelte mit höchst wirksamen, durststillenden Pillen. Man schluckt jede Woche eine und spürt überhaupt kein Bedürfnis mehr zu trinken.
„Warum verkaufst du das?" sagte der kleine Prinz.
„Das ist eine große Zeitersparnis", sagte der Händler. „Die Sachverständigen haben Berechnungen angestellt. Man erspart dreiundfünfzig Minuten in der Woche."
„Und was macht man mit diesen dreiundfünfzig Minuten?"
„Man macht damit, was man will ..."
„Wenn ich dreiundfünfzig Minuten übrig hätte", sagte der kleine Prinz, „würde ich ganz gemächlich zu einem Brunnen laufen ..."

2. Sprecher(in):

„Herr, gib mir solches Wasser, nach dessen Genuss man keinen Durst mehr hat", sagt die Samariterin. Gerne würde sie sich den langen und mühsamen Weg zum Brunnen sparen. Sie hätte zugegriffen bei dem Händler, den der kleine Prinz traf. Sie hätte die durststillenden Pillen geschluckt und hätte so wohl noch viel mehr Zeit gespart als die 53 Minuten pro Woche.

Doch Jesus hatte nicht solches Wasser gemeint, sondern lebendiges Wasser, das auch ihre tiefen Sehnsüchte stillen würde. Er wollte ihr keine durststillende Pille verkaufen. Denn diese würden sie ja des Genusses berauben, den man empfindet, wenn man an einem heißen Tag den Durst löscht. Diesen Genuss wollte sich auch der Kleine Prinz nicht nehmen lassen. Er liebte es, ganz gemächlich zum Brunnen zu schlendern, ihn aus der Ferne zu sehen und den Durst in sich zu spüren. Er liebte es, sich auf das Wasser zu

4 Ausschnitt aus Antoine de Saint-Exupéry: Der kleine Prinz, 73f.

freuen, das Singen des Brunnens zu hören und dann nach einer Zeit der Sehnsucht das kühle Wasser im Mund zu spüren und den Durst zu löschen.

Die Sehnsucht nach dem lebendigen Wasser spricht aber noch eine andere Dimension an. Die Samariterin besitzt ein unbändiges Verlangen nach einem erfüllten Leben. Jesus muss das gespürt haben und so bekommt das Gespräch eine unerwartete Wendung:

1. Sprecher(in):

„Geh hin", spricht Jesus, „ruf deinen Mann und komm wieder." Mit dieser Aufforderung ist der Hintergrund der Frau angesprochen. Sie lebte mit verschiedenen Männern zusammen und der Mann, mit dem sie nun zusammen war, war nicht ihrer. Deshalb kam sie auch mitten am Tage, um aus dem Brunnen des Ortes Wasser zu schöpfen. Sie wusste, dass zu dieser Zeit keine anderen Frauen da waren, die sie als Sünderin beschuldigen konnten. So sehr hatte sie sich offensichtlich mit dieser Situation arrangiert, dass sie ihre Sehnsucht nach dem Leben in ganz normaler Gemeinschaft ganz verdrängt hatte. Nun aber, mit der Aufforderung Jesu, brach all das wieder auf. Und da sie eine Ausgestoßene war in ihrem eigenen Dorf, meinte sie vielleicht, nichts mehr verlieren zu können, und so gab sie ihren Gefühlen freien Lauf und erzählte Jesus die ganze Wahrheit. Jesus nimmt sie ernst und sie darf in ihm erkennen, dass er aus einem besonderen Geist und aus der Wahrheit redet. Er lässt sie nicht links liegen, sondern wagt es geradezu theologisch mit ihr über den Geist Gottes zu reden. Er weist sie darauf hin, dass durch die Ausgießung des Geistes der Ort der Anbetung Gottes keine Rolle mehr spielt. Weder die Tradition der Samariter, Gott am Berg Garizim anzubeten, noch die der Juden in Jerusalem, spielt nunmehr eine Rolle. Es kommt lediglich darauf an, Gott im Geist und in der Wahrheit anzubeten. So verbindet Gott durch seinen Geist alle Menschen untereinander, egal welcher Herkunft sie sind und egal welche Vergangenheit sie haben.

2. Sprecher(in):
Lesung aus *Der kleine Prinz*[5]

Den nächsten Planeten bewohnte ein Säufer. Dieser Besuch war sehr kurz, aber er tauchte den kleinen Prinzen in eine tiefe Schwermut.

„Was machst du da?" fragte er den Säufer, den er stumm vor einer Reihe leerer und einer Reihe voller Flaschen sitzend antraf.
„Ich trinke", antwortete der Säufer mit düsterer Miene.
„Warum trinkst du?" fragte ihn der kleine Prinz.
„Um zu vergessen", antwortete der Säufer.
„Um was zu vergessen?" erkundigte sich der kleine Prinz, der ihn schon bedauerte.
„Um zu vergessen, dass ich mich schäme", gestand der Säufer und senkte den Kopf.
„Weshalb schämst du dich?" fragte der kleine Prinz, der den Wunsch hatte, ihm zu helfen.
„Weil ich saufe!" endete der Säufer und verschloss sich endgültig in sein Schweigen.

1. Sprecher(in):

Der Säufer erschien dem kleinen Prinzen merkwürdig. Dieser hatte ja sein Trinken damit erklärt, dass er vergessen wollte. Und er wollte vergessen, weil er sich schämte. Und er schämte sich, weil er trank. Ein Teufelskreis hatte sich irgendwann einmal geschlossen, der den Säufer nicht mehr loslassen wollte. Auch die samaritische Frau befand sich in einem solchen Teufelskreis. Sie hatte eine Sehnsucht nach einem erfüllten Leben voller Liebe besessen und besaß diese immer noch. Mit verschiedenen Männern hatte sie ihren Wunsch nach Liebe zu stillen versucht und doch war ihre Sehnsucht nach einem erfüllten Leben, zu dem ja auch Anerkennung gehört, unerfüllt geblieben. Sie wurde als mehrfach geschiedene Frau von den anderen Frauen verachtet und von den Männern nicht mehr beachtet. Allmählich hatte sie sich unter dieses Schicksal gebeugt wie unter einer unsichtbaren Last.

Aber jetzt sollte es dann doch zu einer Wende in ihrem Leben kommen, in der sie das abschütteln konnte, was sie

5 Ausschnitt aus Antoine de Saint-Exupéry: Der kleine Prinz, 42f.

bisher niedergebeugt hatte. Während sie mit Jesus sprach, erlebte sie, wie die Grenzen, in denen sie bisher gelebt hatte, überschritten wurden. Jesus führte ein Gespräch mit ihr, obwohl sie eine Frau war und eine Samariterin. Und er verachtete sie nicht wie die Menschen in ihrer Stadt. Und dann stieß er noch dazu mit seinen Worten die Grenzen zwischen ihrer und seiner Religion zur Seite. Er sprach davon, dass Gott im Geist und in der Wahrheit verehrt werden wolle und dass das viel wichtiger sei als die Frage nach der richtigen Kultstätte. Und während dieses Gesprächs wurde ihr der lang gebeugte Rücken gestärkt und sie konnte sich wieder aufrichten.

2. Sprecher(in):

Und so konnte die Frau die Grenzen sprengen, die sie bisher gefangen gehalten hatten. Sie hatte auf einmal keine Angst mehr aufzufallen. Sie lief in die Stadt und sagte allen, die es hören konnten, sie glaube den Messias gesehen zu haben. Hatte sie bisher die Begegnung mit den Menschen gemieden, so kam nun auf einmal Leben in ihre Glieder und Begeisterung in ihr Herz.

Und deshalb ist die Begegnung zwischen Jesus und der Samariterin eine Pfingstgeschichte. Denn der Heilige Geist ist überall dort, wo Menschen sich wieder aufrichten können und Hindernisse sprengen, die sie klein machen. Aus einer verkümmerten Frau wird durch die Begegnung mit Jesus eine Frau, die sich ein theologisches Gespräch mit einem Mann zutraut – so wie der Fuchs vor der Nähe des Kleinen Prinzen keine Angst mehr haben musste, als er gezähmt war.

Die Frau konnte auf einmal voll Freude und Begeisterung sein, sie brauchte sich nicht mehr zu verstecken und konnte aufrecht gehen. Denn sie hatte den Geist Gottes in Jesu Worten wahrgenommen, die ihr wieder Zuversicht und Selbstbewusstsein gaben.

KANON Ihr werdet die Kraft des Heiligen Geistes (EG 132)

FÜRBITTEN

1. Sprecher(in):
Guter Gott,
wir danken dir für die Gabe deines Geistes,

der uns stärkt und aufrichtet,
wenn wir gebeugt und niedergedrückt sind.

2. Sprecher(in):
Wir bitten dich für die Gabe deines Geistes,
dass er die Völker innerlich verbinde
in unserer globalisierten Welt,
dass nicht gegenseitiges Misstrauen das Miteinander prägt,
sondern der Wille nach echter Verständigung.

1. Sprecher(in):
Wir bitten dich für die Gabe deines Geistes,
dass die weltweite Ökumene immer wieder neu gelingt.
Lass die verschiedenen Kirchen
und Konfessionen sich annähern,
damit sie gemeinsam und nicht gegeneinander dein Heil verkündigen.

2. Sprecher(in):
Wir bitten dich für die Gabe deines Geistes,
dass die Menschen zueinander finden
und sich nicht ausgeschlossen fühlen,
selbst wenn sie nicht teilhaben am Reichtum
und wirtschaftlichen Erfolg
unseres Landes, weil sie ohne Arbeit sind.
Stell ihnen Menschen zur Seite,
die sie wertschätzen und achten.
Lass sie deine Liebe spüren,
die du allen Menschen schenkst.

1. Sprecher(in):
Wir bitten dich für die Gabe deines Geistes,
dass er uns ein Miteinander schenkt
zwischen den verschiedenen Kulturen und Religionen in unserem Land,
für gegenseitige Achtung gerade wegen unserer Unterschiede.
Hilf uns, gegenseitig aufeinander zuzugehen,
dass wir nicht trennen, sondern verbinden.

2. Sprecher(in):
Wir bitten dich für die Gabe deines Geistes
dass er uns anrührt und verändert,

die wir mit dem Wasser des Lebens getauft
und zum erfüllten Leben bestimmt sind,
dass wir nicht hochmütig über andere urteilen,
sondern uns ihnen in Liebe zuwenden.

STILLE

VATER UNSER

LIED Es kennt der Herr die Seinen (EG 358,1–3.6)

SEGEN

MUSIK

4

„Von guten Mächten treu und still umgeben“

Jahresschlussgottesdienst mit Texten von Dietrich Bonhoeffer

ORGELVORSPIEL

LIED Zieh ein zu deinen Toren (EG 133,1–2)

BEGRÜSSUNG

„Barmherzig und gnädig ist der Herr, geduldig und von großer Güte“ (Psalm 103,8).

Mit diesem Worten begrüße ich Sie herzlich zu diesem Gottesdienst am Altjahresabend. Ein neues Jahr liegt vor uns und damit 365 Tage voller neuer Chancen und Möglichkeiten.

Am Übergang von einem Jahr zum anderen ergeht es uns jedes Jahr seltsam: Auch wenn wir wissen, dass wir uns nicht von einem Tag auf den anderen verändern und auch unsere Umwelt keine andere sein wird, nimmt uns der Jahreswechsel mit seiner Magie gefangen. Es ist uns, als legten wir das ab, was uns belastet. Leichtfüßig wollen wir in das neue Jahr aufbrechen. Und so gehören die guten Vorsätze zu jedem Jahreswechsel. Das neue Jahr begreifen wir als Chance, noch einmal ganz von vorne zu beginnen, ohne die Fehler der Vergangenheit, ohne die vielfältigen Süchte und schlechten Angewohnheiten, die uns bedrücken.

Das neue Jahr liegt noch vor uns, ohne die ausgetretenen Wege und Pfade, die das alte Jahr müde und betagt wirken ließen. Und auch wir fühlen uns auf einmal seltsam rein und jung auf unserem Weg in das neue Jahr.

LIED Der Tag ist um, die Nacht kehrt wieder (EG 490)

Psalm 121

Unsere Augen blicken in die Zukunft,
sie suchen nach dem rechten Weg.
Wird Gott bei uns sein, wenn wir auf ihm wandeln?
Wird er uns nahe sein, um uns zu helfen?
Unsere Hilfe kommt von ihm,
der den Himmel gebogen und die Erde gegründet hat.
Er ist uns nahe,
bei jedem Schritt, den wir gehen,
bewahrt uns vor dem Stürzen.
Gott schläft nicht, er behütet uns am Tage,
und in der Nacht.
Schatten spendet er am Tage,
dass die Sonne uns nicht sticht,
und des Nachts erquickt er unsere Seelen.
Gott behütet uns, auch wenn uns Übles widerfährt.
Er beschützt unsere Seele,
er behütet unseren Ausgang und Eingang
von nun an bis in Ewigkeit.

Liedruf Laudate omnes gentes (EG 181.6)

Kyrie

Noch will das alte unsre Herzen quälen,
noch drückt uns böser Tage schwere Last.
Ach Herr, gib unsern aufgeschreckten Seelen
das Heil, für das du uns geschaffen hast.
Wir rufen und singen:

Liedruf Noch will das alte unsre Herzen quälen (EG 65,2)

Lobpreis

Von guten Mächten wunderbar geborgen,
erwarten wir getrost, was kommen mag.
Gott ist bei uns am Abend und am Morgen
und ganz gewiss an jedem neuen Tag.
Wir rufen und singen:

Liedruf Von guten Mächten wunderbar geborgen (EG 65,7)

Tagesgebet

Ein Jahr geht zu Ende.
Wir schauen zurück,

voller Dankbarkeit für das Erreichte,
für fruchtbare Begegnungen
und beglückende Erlebnisse.
Wir schauen aber auch zurück
auf verpasste Gelegenheiten,
auf Begegnungen, die unlebendig blieben,
auf das, was wir versäumt haben.
Wir schauen voraus,
voller Hoffnung und Freude,
aber nicht ohne Sorge.
Wir suchen, was uns entlastet und Mut macht.
Und so bitten wir:
Gott, sprich zu uns.
Vergib uns, was wir versäumt haben
im zurückliegenden Jahr.
Und gib uns Hoffnung und Zuversicht
im Blick auf das neue Jahr,
das vor uns liegt.

SCHRIFTLESUNG (Lk 12,35–40)

Lasst eure Lenden umgürtet sein und eure Lichter brennen und seid gleich den Menschen, die auf ihren Herrn warten, wann er aufbrechen wird von der Hochzeit, damit, wenn er kommt und anklopft, sie ihm sogleich auftun.

Selig sind die Knechte, die der Herr, wenn er kommt, wachend findet. Wahrlich, ich sage euch: Er wird sich schürzen und wird sie zu Tisch bitten und kommen und ihnen dienen. Und wenn er kommt in der zweiten oder in der dritten Nachtwache und findet's so: selig sind sie.

Das sollt ihr aber wissen: Wenn ein Hausherr wüsste, zu welcher Stunde der Dieb kommt, so ließe er nicht in sein Haus einbrechen. Seid auch ihr bereit! Denn der Menschensohn kommt zu einer Stunde, da ihr's nicht meint.

GLAUBENSBEKENNTNIS

LIED Nun lasst uns gehn und treten (58,1–3.6–8)

PREDIGT

„Von guten Mächten treu und still umgeben" – mit diesen Worten beginnt eines der bewegendsten Lieder in unserem Gesangbuch. Man merkt den Versen dieses Liedes die außergewöhnlichen Umstände ihrer Entstehung an. Dietrich Bonhoeffer schrieb sie in einer Kellerzelle im Reichssicherheitshauptamt in Berlin im Dezember 1944. Sie waren für seine Braut und seine Eltern und Geschwister gedacht als Gruß zu Weihnachten und als Ermutigung für den Jahreswechsel: „... behütet und getröstet wunderbar, so will ich diese Tage mit euch leben und mit euch gehen in ein neues Jahr."

Bonhoeffer fühlt sich in seiner Einzelzelle nicht allein, sondern von den guten, himmlischen Mächten umgeben. Und er weiß sich geborgen in den guten Gedanken seiner Braut, seiner Familie, seiner Freunde, getragen durch ihre Gebete. „Es ist, als ob die Seele in der Einsamkeit Organe ausbildet, die wir im Alltag kaum kennen", schreibt er an seine Braut Maria von Wedemeyer. „Ihr seid mir immer ganz gegenwärtig. Eure Gebete und guten Gedanken ... bekommen Leben und Wirklichkeit wie nie zuvor."

Bonhoeffers Gedanken über die guten Mächte bilden so etwas wie einen Rahmen seines Gedichtes. In der ersten und in der letzten Strophe werden sie besungen. Sie schenken die Hoffnung, dass Gott bei uns ist, was auch in der Zukunft geschehen mag: „Gott ist bei uns am Abend und am Morgen und ganz gewiss an jedem neuen Tag."

Erst nach dieser Gewissheit, nach den Worten der Hoffnung, ist von dem dunklen Hintergrund die Rede, vor dem die Worte unseres Liedes entstanden: „Noch will das alte unsere Herzen quälen, noch drückt uns böser Tage schwere Last." Wer Bonhoeffers Biographie vor Augen hat, muss unwillkürlich an sein Schicksal denken. Der junge Theologe hatte sich dem politischen Widerstand angeschlossen, wollte mit seinen Kontakten ins Ausland Brücken bauen für die Zeit nach dem geplanten Attentat an Adolf Hitler. Auch wenn Bonhoeffer davon wusste, durch seine Mitwirkung am geplanten Tyrannenmord schuldig zu werden, wollte er sich seiner Verantwortung nicht entziehen: Er wollte dem Rad in die Speichen fassen und so dem sinnlosen Leid ein Ende setzen, das das Nazi-Regime über Millionen von Menschen entfacht hatte.

Schon vor dem geplanten Hitler-Attentat durch Claus Schenk Graf von Stauffenberg wurde Bonhoeffer verhaftet. Seine konspirative Tätigkeit war ins Fadenkreuz der Geheimen Staatspolizei geraten. Die Verdachtsmomente gegen ihn erhärteten sich nach dem fehlgeschlagenen Hitler-Attentat vom 20. Juli 1944. Weitere Widerstandskämpfer wurden gefasst, hingerichtet oder inhaftiert. Auch Bonhoeffer musste mit seinem Tod rechnen.

Deshalb ist im dritten Vers von dem bitteren Kelch die Rede, der bis an den Rand gefüllt ist mit Leid. Im Blick auf das Jahr 1945 muss Dietrich Bonhoeffer mit der Möglichkeit seines Todes rechnen. Angesichts der ungewissen Zukunft wendet er sich direkt an Gott, die Worte seines Gedichtes werden zu einem Gebet. Für Bonhoeffer ist es Gott, der ihm den schweren Kelch zumutet. Und aus Gottes Hand will er ihn annehmen, wenn es soweit ist. Denn Gottes Hand bleibt die gute und geliebte Hand, auch wenn sie ins Leid führt oder gar in den Tod.

Doch trotz der dunklen Ahnungen, die Bonhoeffer im Blick auf den Jahreswechsel umhüllen, wünscht er sich Zeiten der Freude, der beglückenden Begegnungen im neuen Jahr. Er hat die Hoffnung nicht aufgegeben, doch noch – wenigsten für kurze Zeit – aus dem Gefängnis entlassen zu werden: „… führ, wenn es sein kann, wieder uns zusammen." Den Menschen wieder begegnen zu können, die ihm so wichtig geworden waren in der Einsamkeit der Kellerzelle, das wäre für Bonhoeffer die größte Freude, die er sich für das neue Jahr wünscht.

In einem Brief, den er Ende Dezember 1944 seiner Mutter zum Geburtstag schreibt, heißt es: „Ich wünsche Dir und Papa … und uns allen, dass das neue Jahr uns doch wenigstens hier und da einen Lichtblick bringt und dass wir uns doch noch einmal zusammen freuen können." Sich noch einmal freuen können am Zusammensein mit der Familie, das ist der Wunsch des Gefangenen in Berlin-Tegel, der uns nach vielen ermüdenden Besuchen in diesen Weihnachtstagen sehr bescheiden vorkommen mag.

Der Krieg war nach der Jahreswende 1944 auf 1945 schon längst entschieden. Es war nur noch eine Frage von wenigen Monaten, wann sich die deutsche Wehrmacht geschlagen geben musste. Und doch wollte Hitler noch Rache nehmen an denen, die versucht hatten, ihn zu töten. Er ließ Bonhoeffer zu seinem persönlichen Gefangenen erklären. Als solcher wurde er mit anderen Widerstandskämpfern in das Konzentrationslager Flossenbürg gebracht. Am 9. April, vier Wochen vor Kriegsende, wurde Bonhoeffer hingerichtet. Vor seinem Tod, den er gefasst annehmen konnte, sprach er noch kniend ein Gebet. Er war trotz des Gefängnisses und trotz des Konzentrationslagers nicht irre geworden an Gott. Sein Glaube hatte ihm Kraft gegeben mitten in seinem Leiden. Auch in der größten Dunkelheit hat sich Bonhoeffer von den guten Mächten umgeben und geborgen gefühlt: „Von guten Mächten wunderbar geborgen, erwarten wir getrost, was kommen mag. Gott ist bei uns am Abend und am Morgen und ganz gewiss an jedem neuen Tag."

Ich kann das Lied nicht singen, ohne an den Hintergrund zu denken, vor dem es entstanden ist. Und doch ist es ein Lied, das auch uns Trost geben mag am letzten Abend des vergehenden Jahres. Auch uns wird noch manches Alte quälen, schmerzhafte Verluste, ungelöste Konflikte. An der Schwelle zu einem neuen Jahr kommt auch die Schuld in den Blick, alles, was wir versäumt haben. „Noch will das alte unsere Herzen quälen, noch drückt uns böser Tage schwere Last" – diese Worte Bonhoeffers werden zu unseren eigenen.

Der Jahreswechsel ist aber auch eine Gelegenheit, die Zukunft in den Blick zu nehmen, voller Hoffnung oder auch mit Sorge. Im neuen Jahr soll vieles anders, besser weitergehen, manchen Fehler wollen wir nicht wiederholen, schlechte Angewohnheiten wollen wir ablegen, hinter uns lassen. Das neue Jahr wirkt am heutigen Abend noch rein und unbefleckt. Und das möge noch lange so bleiben. Mancher unter uns wird aber voller Sorge auf das neue Jahr sehen. Manche Veränderung wirft schon ihren Schatten voraus.

Wie auch immer das neue Jahr sich entfalten wird: Von guten Mächten geborgen mögen wir getrost erwarten, was kommen mag. Gott ist bei uns und umhüllt uns mit seinen guten Mächten, wie es das Lied von Dietrich Bonhoeffer bekennt. Ihm kann man seinen Glauben an die guten Mächte abnehmen, die uns im Namen Gottes umgeben. Bonhoeffer schrieb dieses Lied, als er eine ungewisse und bedrohliche Zukunft vor sich sah. Wenn wir an diesem Jahreswechsel dieses Lied bedenken, dann kann es uns ermutigen, unsere Zukunft ebenfalls in Gottes Hand zu legen. Auch wir dürfen uns von seinen guten Mächten umgeben, behütet und getröstet wissen. Auch wenn wir ungewisse Zeiten vor uns haben, Gott wird uns begleiten an jedem neuen Tag, den uns das neue Jahr schenkt.

LIED Von guten Mächten treu und still umgeben (EG 65)

LESUNG[6]

> „Meine liebste Maria!
>
> Ich bin so froh, dass ich Dir zu Weihnachten schreiben kann, und durch Dich auch die Eltern und Geschwister grüßen und Euch danken kann. Es werden sehr stille Tage in unseren Häusern sein. Aber ich habe immer wieder die Erfahrung gemacht, je stiller es um mich herum geworden ist, desto deutlicher habe ich die Verbindung mit Euch gespürt. Es ist, als

6 Auszug aus: Brautbriefe, 208–210 (Brief vom 19.12.1944).

ob die Seele in der Einsamkeit Organe ausbildet, die wir im Alltag kaum kennen. So habe ich mich noch keinen Augenblick allein und verlassen gefühlt. Du, die Eltern, ihr alle, die Freunde und Schüler im Feld, Ihr seid mir immer ganz gegenwärtig. Eure Gebete und guten Gedanken, Bibelworte, längst vergangene Gespräche, Musikstücke, Bücher bekommen Leben und Wirklichkeit wie nie zuvor. Es ist ein großes unsichtbares Reich, in dem man lebt und an dessen Realität man keinen Zweifel hat. Wenn es im alten Kinderlied von den Engeln heißt: ‚zweie, die mich decken, zweie, die mich wecken', so ist diese Bewahrung am Abend und am Morgen durch gute unsichtbare Mächte etwas, was wir Erwachsenen heute nicht weniger brauchen als die Kinder. Du darfst also nicht denken, ich sei unglücklich. Was heißt denn glücklich und unglücklich? Es hängt ja so wenig von den Umständen ab, sondern eigentlich nur von dem, was im Menschen vorgeht. Ich bin jeden Tag froh, dass ich Dich, Euch habe und das macht mich glücklich froh. –

Das Äußere ist hier kaum anders als in Tegel, der Tageslauf derselbe, das Mittagessen wesentlich besser, Frühstück und Abendbrot etwas knapper. Ich danke Euch für alles, was Ihr mir gebracht habt. Die Behandlung ist gut und korrekt. Es ist gut geheizt. Nur die Bewegung fehlt mir, so schaffe ich sie mir bei offenem Fenster in der Zelle mit Turnen und Gehen.

Es sind nun fast 2 Jahre, dass wir aufeinander warten, liebste Maria. Werde nicht mutlos! Ich bin froh, dass Du bei den Eltern bist. Grüße Deine Mutter und das ganze Haus sehr von mir. Hier noch ein paar Verse, die mir in den letzten Abenden einfielen. Sie sind der Weihnachtsgruß für Dich und die Eltern und Geschwister."

1. Von guten Mächten treu und still umgeben,
behütet und getröstet wunderbar, –
so will ich diese Tage mit euch leben
und mit euch gehen in ein neues Jahr;

2. noch will das alte unsre Herzen quälen,
noch drückt uns böser Tage schwere Last.
Ach Herr, gib unsern aufgeschreckten Seelen
das Heil, für das Du uns geschaffen hast.

3. Und reichst Du uns den schweren Kelch, den bittern,
des Leids, gefüllt bis an den höchsten Rand,

so nehmen wir ihn dankbar ohne Zittern
aus Deiner guten und geliebten Hand.

4. Doch willst Du uns noch einmal Freude schenken
an dieser Welt und ihrer Sonne Glanz,
dann woll'n wir des Vergangenen gedenken,
und dann gehört Dir unser Leben ganz.

5. Lass warm und hell die Kerzen heute flammen,
die Du in unsre Dunkelheit gebracht,
führ, wenn es sein kann, wieder uns zusammen!
Wir wissen es, Dein Licht scheint in der Nacht.

6. Wenn sich die Stille nun tief um uns breitet,
so lass uns hören jenen vollen Klang
der Welt, die unsichtbar sich um uns weitet,
all Deiner Kinder hohen Lobgesang.

7. Von guten Mächten wunderbar geborgen,
erwarten wir getrost, was kommen mag.
Gott ist bei uns am Abend und am Morgen
und ganz gewiss an jedem neuen Tag.

Sei mit Eltern und Geschwistern in großer Liebe und Dankbarkeit gegrüßt.
Es umarmt Dich Dein Dietrich.

FÜRBITTEN

Herr, du segnest unsere Anfänge.
Du gehst uns voran ins Unbekannte des Neuen Jahres.
Wir horchen auf deinen Schritt durch diese Welt.
Wir vertrauen uns deinen Spuren an.
Wir wagen es, alles Wichtige von dir zu erbitten
und zu erhoffen.

Schenke uns und denen, die zu uns gehören,
in dem vor uns liegenden Jahr Leben und Gesundheit,
den Mut und die Freiheit, das Nötige zu tun,
das Ungute zu lassen und das Unvermeidbare zu tragen.

Öffne unsere Augen und Ohren für das Leid,
das so viele – nah und fern – niederbeugt.
Befähige uns zu richtigen Einsichten und klaren Entschlüssen.
Öffne uns die Augen für das, was wir als einzelne und als Gemeinde tun können.

Mache uns und viele andere bereit, Verantwortung zu übernehmen und den von dir gestifteten Frieden glaubwürdig weiterzugeben.
Geleite uns mit deinem guten Geist durch das neue Jahr.
Und hilf uns, die Gedanken auf das zukünftige Heil zu richten, das du uns verheißen hast durch deinen Sohn Jesus Christus.

STILLE

VATER UNSER

LIED Ausgang und Eingang, Anfang und Ende (EG 175)

SEGEN

MUSIK

„Dass des Lebens Flamme in dir glüht“

Literaturgottesdienst am Pfingstfest mit Texten von Hermann Hesse

MUSIK

LIED O komm, du Geist der Wahrheit (EG 136,1–2)

BEGRÜSSUNG

LIED O dass doch bald dein Feuer brennte (EG 255,1–4)

PSALM 104[7]

1. Sprecher(in):
Lobe den Herrn, meine Seele:
Du bist erhaben, schön und festlich gekleidet.
Aus Licht ist der Mantel, der dich umhüllt.
Und wie ein Teppich breitet sich der Himmel aus
zu deinen Füßen.
Du thronst über dem Regen
und fährst auf den Wolken,
als trage der Wind dich auf seinen Flügeln.
Wie Boten schickst du die Winde vor dir her
und machst die Feuerflamme zu deinem Diener.

2. Sprecher(in):
Lobe den Herrn, meine Seele:
Denn du hast die Erde festlich gekleidet.
Du ließest die Berge sich zusammenfalten
und die Täler sich hinabsenken.
Du hast eine Grenze gesetzt
zwischen dem Meer und dem festen Land,
damit die Wasser das Land nicht bedecken.

7 Stephan Goldschmidt: Gottesdienste mit Symbolen, 49f.

1. Sprecher(in):
Lobe den Herrn, meine Seele:
Denn du hast Feld und Wald festlich gekleidet.
Deine Hand macht das Land fruchtbar,
lässt die Weiden grünen
und auf dem Acker den Weizen wachsen.
Du lässt die Saat gedeihen und den Wein reifen.

2. Sprecher(in):
Lobe den Herrn, meine Seele:
Denn du hast das Firmament festlich gekleidet.
In deinem Namen teilt der Mond das Jahr in Monate.
Und die Sonne lässt du auf- und absteigen,
dass sie den Tag von der Nacht scheidet.
Deine Werke sind groß und viel
und weise hast du sie geordnet.

1. Sprecher(in):
Lobe den Herrn, meine Seele:
Denn alles, was lebt, hast du festlich gekleidet,
du gibst allen ihre Speise zur rechten Zeit,
und mit deiner Hand sättigst du deine Geschöpfe.
Sie leben aus deiner Güte
und ohne deinen heiligen Geist müssen sie wieder
zu Staub werden.
Mit dem Hauch deines Geistes hast du alles geschaffen
Und erneuerst täglich die Gestalt die Erde.
Lobe den Herrn, meine Seele,
denn erhaben und schön hast du alles bereitet.

GEBET

Herr, unser Gott,
wir kommen heute zu dir wie wir sind,
voller Glauben oder mit Zweifeln.
Wie wir auch sind, uns treibt die Sehnsucht nach Lebendigkeit.
Danke, dass du uns verheißen hast,
mit deinem Geist gegenwärtig zu sein,
wo sich Menschen in deinem Namen versammeln.
Wir bitten dich,
lass uns bewegt werden von der Flamme deines
heiligen Geistes,
damit wir deine lebendige Stimme wahrnehmen
in den Worten der Menschen.

1. Lesung (Mt 16,13–17)

Da kam Jesus in die Gegend von Cäsarea Philippi und fragte seine Jünger und sprach: Was sagen die Leute, wer der Menschensohn sei?

Sie sprachen: Einige sagen, du bist Johannes der Täufer, andere, du bist Elia, wieder andere, du bist Jeremia oder einer der Propheten.

Er fragte sie: Was sagt denn ihr, wer ich sei?
Da antwortete Simon Petrus und sprach: Du bist Christus, des lebendigen Gottes Sohn!

Und Jesus antwortete und sprach zu ihm: Selig bist du, Simon, Jonas Sohn; denn Fleisch und Blut haben dir das nicht offenbart, sondern mein Vater im Himmel. Und ich sage dir auch: Du bist Petrus, und auf diesen Felsen will ich meine Gemeinde bauen, und die Pforten der Hölle sollen sie nicht überwältigen. Ich will dir die Schlüssel des Himmelreichs geben: Alles, was du auf Erden binden wirst, soll auch im Himmel gebunden sein, und alles, was du auf Erden lösen wirst, soll auch im Himmel gelöst sein.

2. Lesung *Im Nebel*[8]

Seltsam, im Nebel zu wandern!
Einsam ist jeder Busch und Stein,
Kein Baum sieht den andern,
jeder ist allein.

Voll von Freunden war mir die Welt,
Als noch mein Leben licht war;
Nun, da der Nebel fällt,
Ist keiner mehr sichtbar.

Wahrlich, keiner ist weise,
Der nicht das Dunkel kennt,
Das unentrinnbar und leise
Von allen uns trennt.

Seltsam, im Nebel zu wandern!
Leben ist Einsamsein.
Kein Mensch kennt den andern,
Jeder ist allein.

8 Hermann Hesse, Im Nebel.

GLAUBENSBEKENNTNIS

LIED O Heiliger Geist, o heiliger Gott (EG 131,1–4)

ANSPRACHE

1. Sprecher(in):

Eine leidenschaftliche Figur ist dieser Jünger Petrus. Er lässt als Fischer am See Genezareth gleich nach der ersten Begegnung mit Jesus alles stehen und liegen und folgt ihm nach. Er wagt es, seinem Herrn folgend, auf dem See zu wandeln und sinkt dann doch ein, als die Zweifel zu groß werden. Er will seinem Herrn treu sein bis in den Tod und verleugnet ihn dann schließlich doch, als ein paar Frauen am Feuer im Gerichtshof ihn auf seine Nähe zu Jesus ansprechen. Petrus ist wie ein Strohfeuer, schnell entflammbar, leidenschaftlich, schnell bei der Sache und dann doch mit wenig Stehvermögen, wenn es um Treue und Ausdauer geht. Dieser Jünger empfängt im heutigen Predigttext die Verheißung, ein Fels zu sein. Ein Fels, auf dem die Sache Jesu Grund und Boden, Halt und Festigkeit erlangen soll. Es erscheint zunächst wie ein Widerspruch, Leidenschaft und Festigkeit miteinander zu verbinden. Petrus ist in der biblischen Geschichte wie eine literarische Figur, gezeichnet mit einem facettenreichen Charakter. Er ist nicht der einfache Fischer, der Jesus hinterherläuft. Vielleicht gleicht er in seiner Widersprüchlichkeit sogar mancher Romanfigur von Hermann Hesse. Wenn wir an *Narziss und Goldmund* etwa denken, die die ewigen Gegensätzen der Welt im nachdenklichen Geistlichen und im Künstler abbilden. In beiden steckt ein inneres Feuer. Nur der eine setzt es in geistliches Leben um und der andere in künstlerische Kreativität mitten im weltlichen Leben. Es bleibt die ewige Sehnsucht, auch in den Romanfiguren bei Hermann Hesse, die Gegensätze miteinander zu vereinen.

2. Sprecher(in):

Wir haben gesehen, dass Petrus ein begeisterungsfähiger Mensch war, in dem die Lebensflamme lodern konnte, der aber auch der Flamme des Heiligen Geistes Raum gab. Wir haben eine Nähe zwischen Petrus und Figuren Hermann Hesses festgestellt. Auch in ihnen loderte die Flamme des Lebens, auch sie waren bereit, immer wieder eine neue Stufe des Lebens zu erklimmen.

Ein Gedicht von Hesse besingt eine solche Lebensflamme:

Die Flamme[9]

Ob du tanzen gehst in Tand und Plunder,
Ob dein Herz sich wund in Sorgen müht,
Täglich neu erfährst du doch das Wunder,
Dass des Lebens Flamme in dir glüht.

Mancher lässt sie lodern und verprassen,
Trunken im verzückten Augenblick,
Andre geben sorglich und gelassen
Kind und Enkeln weiter ihr Geschick.

Doch verloren sind nur dessen Tage,
Den sein Weg durch dumpfe Dämmrung führt,
Der sich sättigt in des Tages Plage
Und des Lebens Flamme niemals spürt.

Dieses Gedicht besingt die Flamme als Bild des vielfältigen Lebens. Die Lebensflamme ist wie eine wunderbare Gabe und ermöglicht zugleich das Wunder des täglich sich erneuernden Lebens. Der Sorglose wie der sich in den Sorgen Abmühende kann diese Flamme in sich spüren, die in ihm selbst lodert und die dem Leben die Leichtigkeit schenkt und zugleich die Liebe, die zur Sorge um einen anderen fähig ist. Im Tanz kann man die Vitalität dieser Lebensflamme spüren, die zu Lebenslust und Freude befähigt. Aber sie ermöglicht auch die Liebe, die sich um einen nahen Menschen sorgt. Hesse besingt verschiedene Möglichkeiten, wie diese Lebensflamme in uns Menschen brennen kann:

Mancher lässt sie lodern und verprassen,
Trunken im verzückten Augenblick,
Andre geben sorglich und gelassen
Kind und Enkeln weiter ihr Geschick.

In den einen bekommt diese Flamme eine solche Macht, dass sie auflodert und geradezu alles verzehrt. Andere hüten ihre Flamme sorgsam, um sie weiterzugeben und auch bei anderen die Flamme des Lebens zu entzünden und wach zu halten. Hesse enthält sich einer Bewertung, welcher Umgang mit der Flamme der gute und

9 Hermann Hesse, Die Flamme.

richtige ist. Seine Biographie lässt uns ahnen, dass er beide Formen kannte: Die Lebensflamme begeisternd auflodern zu lassen oder sie behutsam brennend wach zu halten, damit sich andere an ihr wärmen konnten. Die Hauptsache ist doch, die Lebensflamme zu kennen und inwendig zu spüren. Wer nichts von der Flamme des Lebens weiß, der verbringt seine Tage wie im Halbschlaf oder gibt sich viel zu früh zufrieden mit der Plage des Alltags:

Doch verloren sind nur dessen Tage,
Den sein Weg durch dumpfe Dämmrung führt,
Der sich sättigt in des Tages Plage
Und des Lebens Flamme niemals spürt.

Die Flamme wird zum Bild für die Leidenschaft des Lebens, die das Leben verzehrt, dieses Leben aber nur so erhält. Hesse hat mit der Flamme ein altes Bild für den Heiligen Geist aufgegriffen. Es ist gleichgültig, ob er das bewusst getan hat oder nicht. Für uns kann deshalb sein Gedicht zu einem Pfingstgedicht werden, in dem wir Aspekte des Heiligen Geistes entdecken können. Auch der göttliche Geist lodert in uns wie eine Flamme, schafft in uns die Lebendigkeit. Denn eine Flamme steht niemals still, sondern bewegt sich hin und her, vom leisesten Windhauch berührt. So wie eine Flamme sich bewegen lässt, so soll uns auch der Heilige Geist immer in Bewegung halten, dass wir kreativ und offen bleiben für Veränderungen.

1. Sprecher(in):

Wenn wir mit diesem alten Bild der Flamme auf die zentrale Figur des heutigen Predigttextes schauen, den Jünger Petrus, können wir neue Aspekte gewinnen. Vielleicht können wir damit der Frage auf den Grund kommen, warum Jesus gerade auf Petrus seine Kirche bauen will. „Was sagt denn ihr, wer ich sei?“ fragte Jesus seine Jünger, als sie einige Zeit schon miteinander verbracht, Predigten gehört und Wunder miterlebt hatten. „Was sagt denn ihr, wer ich sei?“ Auf diese Frage gibt es keine erlernte Antwort, es gibt nichts, was auswendig parat liegt. Hierauf gibt es nur eine persönliche Antwort, eine, die auf Beziehung basiert, eine, die von Herzen kommt. Genauso spontan und prompt, wie wir Petrus aus anderen Geschichten kennen gelernt haben, kommt es aus ihm heraus: „Du bist Christus, des lebendigen Gottes Sohn!“ Ja, es kommt wirklich aus ihm heraus, ohne Nachdenken, wie eine Offenbarung, die er einfach nur weitergibt. Vielleicht können wir erahnen, mit wie viel

Sehnsucht dieser Petrus, der Fischer am Ufer des Sees, auf so einen gewartet hat, der seine Flamme entfachen kann, weil er selbst das Licht ist. Und wie seit der ersten Begegnung diese Sehnsucht in Christus gestillt wurde; kein Wenn und Aber, kein Für und Wider, dieses Feuer ist es, nach dem Petrus ein Leben lang gesucht hat.

Da sind wir wieder bei der Flamme. Wie die Flamme den Sauerstoff braucht, um zu brennen. So brauchen die, in denen Christus die Flamme entfacht hat, den Heiligen Geist, der durch seinen Wind die Flamme nährt. Der darauf bedacht ist, dass die Flamme nicht erlischt, sondern immer lebendig bleibt, in Bewegung wie eine tanzende Flamme. Auf dieser Grundlage kann die Kirche gebaut werden, denn sie braucht das Fundament im Bekenntnis zu Christus, das ihr Festigkeit und Halt verleiht. Und sie braucht den Heiligen Geist, der das Feuer und die Beweglichkeit nährt.

2. Sprecher(in):

Wir haben Petrus kennen gelernt als eine Persönlichkeit, die begeisterungsfähig war und spontan. Wir haben ihn mit einem Strohfeuer verglichen, nun möchte ich noch ein zweites Bild hinzufügen, um ihn zu beschreiben: Das des Blütenzweiges, der durch den Wind auf und nieder und hin und her geweht wird. Und auch hier greife ich auf ein Gedicht von Hermann Hesse zurück:

Der Blütenzweig[10]
Immer hin und wider
Strebt der Blütenzweig im Winde,
Immer auf und nieder
Strebt mein Herz gleich einem Kinde
Zwischen hellen, dunklen Tagen,
Zwischen Wollen und Entsagen.

Bis die Blüten sind verweht
Und der Zweig in Früchten steht,
Bis das Herz, der Kindheit satt,
Seine Ruhe hat
Und bekennt: voll Lust und nicht vergebens
War das unruhvolle Spiel des Lebens.

10 Hermann Hesse, Der Blütenzweig.

Von jedem Windhauch sich mittragen und anstecken lassen wie ein Blütenzweig – was sehen wir in diesem Bild? Sehen wir darin eher das Unstete, Leichtlebige? Ist hier eine Persönlichkeit besungen, die ohne festen Standpunkt und kritiklos sich von jeder neuen Bewegung anstecken lässt? Oder sehen wir in diesem Bild das Verheißungsvolle, die Begeisterungsfähigkeit und Lebensfreude?

Am heutigen Pfingsttag achte ich in diesem Gedicht auf den Hauch des Windes, der ja ein weiteres Bild ist für den Heiligen Geist. Es ist eng mit dem Bild der Flamme verknüpft, kann doch der Wind die Flamme immer wieder zum Leben entfachen. Und so sehe ich, dass es gut ist, sich diesem Wind auszusetzen, sich von ihm mitnehmen und bewegen zu lassen, statt sich ihm starr entgegenzustellen. Dann ist die Bewegung des Blütenzweiges im Wind auch nicht ein beliebiges Spiel, sondern ein Bild für die innere Lebendigkeit, zu der uns der göttliche Geist führen will.

Und es ist ja nicht so, dass der Blütenzweig keinen Standpunkt hat. Er wird getragen vom Stamm und den Zweigen eines Baumes. Er ist also fest verwurzelt. Aber neben diese Festigkeit tritt die Beweglichkeit – fast wie bei Petrus, den man mit einem Strohfeuer vergleichen kann, der aber von Jesus auch als der Fels benannt wird.

Wenn wir uns wieder dem Gedicht von Hesse zuwenden, dann sehen wir schnell, dass die Bewegung des Blütenzweiges auch ein Hin und Her ist zwischen hellen und dunklen Tagen oder zwischen Wollen und Entsagen, um es in Hesses Sprache auszudrücken.

Am Ende ist der Blütenzweig schwer von Früchten. Der Wind des Geistes will uns nicht bloß bewegen um der Bewegung willen. Wie der Blütenzweig Frucht bringt, so wird auch ein vom göttlichen Geist bewegtes Leben Frucht bringen und nicht vergebens sein. Der Wind entfacht die kleine Glut wieder zu einer lodernden Flamme und er trägt den Samen der Blüten zur Erde. Und so will der Geist alles Leben weitertragen und bewahren und immer wieder neu entfachen, wo es schwach und unlebendig zu werden droht.

Lassen Sie uns nach dem Hauch des Geistes Ausschau halten, damit er in uns den göttlichen Funken immer wieder zu einer Flamme entfacht, die fröhlich zu tanzen beginnt und uns und den Menschen um uns herum Wärme schenkt und Freude.

Lied Komm, o komm, du Geist des Lebens (EG 134,1–4)

Fürbitten

1. Sprecher(in):
Barmherziger Gott,
dein Geist setzt Menschen in Bewegung.
Mit ihm fängt die neue Welt an,
die du uns versprochen hast.
Wir möchten darauf vertrauen
und uns von deinem Geist begeistern lassen.

2. Sprecher(in):
Zeige uns durch deinen Geist
eine neue Sprache,
die Fremde willkommen heißt,
die neidlos loben kann,
die nicht verletzt,
aber doch bei der Wahrheit bleibt
und Kritik nicht unterschlägt.

1. Sprecher(in):
Zeige uns durch deinen Geist
eine mutige Sprache der Liebe,
die denen ihre Stimme leiht,
die keine Stimme haben
oder die zu müde geworden sind,
um noch etwas zu fordern,
die zu ängstlich sind, um zu widersprechen.

2. Sprecher(in):
Zeige uns durch deinen Geist
eine zärtliche Sprache,
die Menschen zum Glauben führen kann,
eine Sprache, die unsere Häuser und Kirchen
mit ihrer Schönheit erfüllt,
die die Traurigen tröstet
und die Mutlosen aufrichtet.

Stille

Vater unser

Lied Mach in mir deinem Geiste Raum (EG 503,14–15)

3. Lesung *Stufen*

Wie jede Blüte welkt und jede Jugend
Dem Alter weicht, blüht jede Lebensstufe,
Blüht jede Weisheit auch und jede Tugend
Zu ihrer Zeit und darf nicht ewig dauern.
Es muss das Herz bei jedem Lebensrufe
Bereit zum Abschied sein und Neubeginne,
Um sich in Tapferkeit und ohne Trauern
In andre, neue Bindungen zu geben.

Und jedem Anfang wohnt ein Zauber inne,
Der uns beschützt und der uns hilft, zu leben.

Wir sollen heiter Raum um Raum durchschreiten,
An keinem wie an einer Heimat hängen,
Der Weltgeist will nicht fesseln uns und engen,
Er will uns Stuf um Stufe heben, weiten.
Kaum sind wir heimisch einem Lebenskreise
und traulich eingewohnt, so droht Erschlaffen,
Nur wer bereit zum Aufbruch ist und Reise,
Mag lähmender Gewöhnung sich entraffen.
Es wird vielleicht auch noch die Todesstunde
Uns neuen Räumen jung entgegen senden,
Des Lebens Ruf an uns wird niemals enden …
Wohlan denn, Herz, nimm Abschied und gesunde!

Segen

Musik

6 „Wohl dem Volk, dessen Gott der Herr ist“

Gottesdienst am Israelsonntag mit Texten aus dem Buch Esther im Dialog mit dem Roman „Jakob der Lügner“ von Jurek Becker

MUSIK

LIED O Heiliger Geist, o heiliger Gott (EG 131,1)

BEGRÜSSUNG

„Wohl dem Volk, dessen Gott der Herr ist, dem Volk, das er zum Erbe erwählt hat“ (Psalm 33,12).

Mit diesen Worten aus Psalm 33 begrüße ich Sie herzlich zum heutigen 10. Sonntag nach Trinitatis, an dem wir an das Verhältnis von Israel und Kirche denken.

Das Themenspektrum des heutigen Israelsonntags ist vielfältig und reicht von der Betonung der Erwählung Israels zum Volk Gottes über die Benennung der gemeinsamen Glaubensgrundlagen bis hin zum Bekenntnis der Schuld, die auch die Kirche gerade hier in Deutschland durch ihr Schweigen auf sich geladen hat, als Juden diskriminiert, inhaftiert, deportiert und schließlich ermordet wurden.

In der Predigt soll die Verfolgung der Juden in der NS-Zeit in Beziehung gesetzt werden mit der wunderbaren Errettung des Volkes der Juden, wie es das Buch Ester beschreibt. Zu diesem literarischen Werk aus dem Alten Testament, das über Jahrhunderte hin verfolgten Juden Hoffnung gab, soll ein Roman aus dem 20. Jahrhundert in einen Dialog treten: *Jakob der Lügner* von Jurek Becker.

LIED All Morgen ist ganz frisch und neu (EG 440)

PSALM 22

Mein Gott, mein Gott, warum hast du mich verlassen?
Ich schreie, aber meine Hilfe ist ferne.
Tagelang schon rufe ich zu dir,
aber du antwortest mir nicht.
Und in schlaflosen Nächten
bitte ich dich vergeblich um Hilfe.
Ich bin es müde geworden, dich anzurufen,
ohne Antwort zu erhalten.
Mir ist zwar bewusst,
dass meine Sorgen unbedeutend sind
in deinen Augen,
der du erhaben bist
und im Himmel thronst.
Aber den Vätern, die auf dich hofften,
halfst du und führtest sie heraus aus ihrer Not.
Sie hast du gerettet, als sie zu dir riefen.
Auf meine Stimme aber hörst du nicht,
denn ich bin nicht wie die Väter,
sondern unbedeutend und verachtet.
Alle, die mich sehen, lachen über mich
oder schütteln den Kopf.
Warum nur hast du mich
aus meiner Mutter Leibe gezogen?
Warum erwecktest du mich zum Leben,
wenn ich nun allein sein muss
und niemand mir hilft?
Außer dir habe ich niemanden;
deshalb sei nicht ferne von mir.
Ich bin verloren, wie Wasser,
das ausgeschüttet ist auf der Erde
und nicht mehr wieder eingesammelt werden kann.
Meine Knochen sind brüchig geworden
und mein Herz ist wie Wachs,
das in der Wärme schmilzt und vergeht.
Meine Kräfte sind zerbrochen wie eine Scherbe,
und vertrocknet ist mein Gaumen,
dass meine Zunge daran klebt.
Ich liege im Staub, als sei ich längst tot.
Ich bin abgemagert bis auf die Knochen,
meine Kleider sind mir zu groß geworden.
Sie teilen meine Kleider unter sich auf,

und um meinen Mantel werfen sie das Los.
Außer dir habe ich niemanden;
deshalb sei nicht ferne von mir,
sondern eile, mir zu helfen!

LIEDRUF Ehr sei dem Vater und dem Sohn (EG 177.2)

KLAGE

1. Sprecher(in):
Wir klagen dir, Gott,
Befangenheit und mangelnde Solidarität
mit unseren jüdischen Schwestern und Brüdern.
Wir sehnen uns nach Vergebung der Schuld,
die wir als Christen ihnen gegenüber auf uns geladen haben.

2. Sprecher(in):
Wir klagen dir, Gott,
unsere Mutlosigkeit und Ohnmacht gegenüber
der antisemitischen Gewalt in unserem Land.
Wir sehnen uns nach Kraft zum Widerstand.

1. Sprecher(in):
Wir klagen dir, Gott,
das Leiden der Menschen im Nahen Osten,
der Menschen in Palästina, Israel und den arabischen Staaten.
Mit ihnen sehnen wir uns nach Gerechtigkeit und Frieden.

2. Sprecher(in):
Wir klagen dir, Gott,
unsere Missachtung der gemeinsamen Wurzeln
mit unseren jüdischen Geschwistern.
Mit allen Menschen sehnen wir uns nach dem Heil in dir.
Wir rufen und singen: Kyrie eleison

LIEDRUF Kyrie eleison (EG 178.12)

TAGESGEBET

Himmlischer Vater,
du hast das Volk Israel mit Abraham zu deinem Volk erwählt
und uns durch Jesus Christus mit allen Menschen angenommen zu deinen Kindern.
Wir bekennen unsere Schuld an deinem ersterwählten Volk
und bitten dich:

Lass uns die gemeinsamen Wurzeln mit dem jüdischen Volk bedenken,
lass uns mit mehr Solidarität für unsere jüdischen Schwestern und Brüder einstehen,
damit ihnen nie wieder ein solches Unrecht geschieht,
wie es in unserem Land zugelassen und verübt wurde.
Dies bitten wir im Namen deines Sohnes Jesus Christus.

SCHRIFTLESUNG (Dtn 7,6–9)

Denn du bist ein heiliges Volk dem Herrn, deinem Gott. Dich hat der Herr, dein Gott, erwählt zum Volk des Eigentums aus allen Völkern, die auf Erden sind. Nicht hat euch der Herr angenommen und erwählt, weil ihr größer wäret als alle Völker – denn du bist das kleinste unter allen Völkern –, sondern weil er euch geliebt hat und damit er seinen Eid hielte, den er euren Vätern geschworen hat. Darum hat er euch herausgeführt mit mächtiger Hand und hat dich erlöst von der Knechtschaft, aus der Hand des Pharao, des Königs von Ägypten.

So sollst du nun wissen, dass der Herr, dein Gott, allein Gott ist, der treue Gott, der den Bund und die Barmherzigkeit bis ins tausendste Glied hält denen, die ihn lieben und seine Gebote halten.

GLAUBENSBEKENNTNIS

LIED Aus tiefer Not lasst uns zu Gott von ganzem Herzen schreien (144,1–3.6)

PREDIGT

1. Sprecher(in):
Lesung aus Esther 3,8–11

Und Haman sprach zum König Ahasveros: „Es gibt ein Volk, zerstreut und abgesondert unter allen Völkern in allen Ländern deines Königsreichs, und ihr Gesetz ist anders als das aller Völker, und sie tun nicht nach des Königs Gesetzen. Es ziemt dem König nicht, sie gewähren zu lassen. Gefällt es dem König, so lasse er schreiben, dass man sie umbringe; so will ich zehntausend Zentner Silber darwägen in die Hand der Amtleute, dass man's bringe in die Schatzkammer des Königs."

Da tat der König seinen Ring von der Hand und gab ihn Haman, dem Sohn Hammedatas, dem Agagiter, dem Feind der Juden. Und der König sprach zu Haman: „Das Silber sei dir gegeben, dazu das Volk, dass du mit ihm tust, was dir gefällt."

Es war ein mörderischer und heimtückischer Plan, die jüdischen Mitbürger zu unterdrücken, sie ihres Besitzes zu berauben und sie schließlich umzubringen. Es ist schwer zu sagen, was diesen ungeheuren Hass auf die Juden heraufbeschworen hat. Es kann nicht nur daran gelegen haben, dass sie einen anderen Glauben hatten, sich anders kleideten, andere Sitten und Gebräuche besaßen. Denn sie waren gut integriert, ihre Muttersprache war längst die Sprache des Landes, in dem sie wohnten. Sie leisteten ihren Beitrag für die Kultur und die Wirtschaft, sie zahlten Steuern, engagierten sich in Regierung und Verwaltung.

Der mörderische und heimtückische Plan soll nach dem Buch Ester vor fast 2500 Jahren im Perserreich entstanden sein, entwickelt von Haman, einem mächtigen Mann in der Regierung des Königs Xerxes. Dieser Haman bereitet sein mörderisches Vorhaben mit langer Hand vor. Als erstes versucht er, den König auf seine Seite zu ziehen. Durch gezielte Verleumdung macht er die Juden schlecht: „Es gibt ein Volk, zerstreut und abgesondert unter allen Völkern und Ländern deines Königreichs", sagt er dem König. „Sie haben ein eigenes Gesetz und sie handeln nicht nach deinen Geboten. Sie sind deshalb gefährlich für dich und deine Herrschaft."

Haman tut, was gemeine und gerissene Lügner zu jeder Zeit tun: Er vermischt geschickt Lüge mit Wahrheit. Natürlich haben die Juden ihre eigenen Sitten und haben ihre eigenen Gebote. Doch dass sie deshalb das persische Gesetz brechen und so eine Gefahr darstellen, ist eine dreiste Lüge. Doch wie viele gerissene Lügner, so hat auch Haman mit seiner üblen Nachrede Erfolg. Ahasveros, wie Xerxes im Buch Ester genannt wird, lässt Haman freie Hand bei seinem Plan, das jüdische Volk auszurauben und zu ermorden.

2. Sprecher(in):

Es war eine mörderische und heimtückische Tat, jüdische Mitbürgerinnen und Mitbürger ihrer Rechte zu berauben, sie aus ihren Wohnungen zu vertreiben, sie zu enteignen, sie in Ghettos zu sperren und schließlich in Arbeits- oder Vernichtungslager zu treiben und millionenfach umzubringen. Wir sind am heutigen Israelsonntag daran erinnert, dass in den Jahren 1933 bis 1945 dieses

Unrecht in unserem Land geschehen ist. Vor dem Hintergrund des Esterbuches scheint es fast, als sei während der NS-Zeit der Plan des Haman in die Tat umgesetzt worden, allerdings noch weit grausamer und in einem viel größeren Ausmaß.

Mitten in diese Zeit versetzt uns der Roman *Jakob der Lügner* von Jurek Becker, den wir heute im Dialog mit dem literarischen Werk des Esterbuches bedenken möchten. Die Handlung spielt im Ghetto von Lodz, wo der Autor selbst aufwuchs. Sie beginnt mit einer Lüge, durch die Jakob Heym bezichtigt wird, die abendliche Ausgangssperre gebrochen zu haben. So wird er aufs Revier beordert, wo er zufällig folgenden kurzen Ausschnitt aus den Radionachrichten hört: „In einer erbitterten Abwehrschlacht gelang es unseren heldenhaft kämpfenden Truppen, den bolschewistischen Angriff zwanzig Kilometer vor Bezanika zum Stehen zu bringen."

Hoffnung keimt in Jakob auf, denn die erwähnte Stadt liegt nur 400 bis 500 km entfernt, die rettende Rote Armee kann schon in Kürze Lodz von den Nazis befreien. Die Radionachricht ist wie ein Licht in einer hoffnungslosen Situation.

1. Sprecher(in):

Stellt im Roman von Jurek Becker die Rote Armee die erhoffte Rettung dar, so bildete diese in der alttestamentlichen Erzählung die Königin Ester. Als verwaistes Mädchen jüdischer Eltern wurde Ester aufgrund ihrer Schönheit zur persischen Königin. Zunächst gehörte sie zu einer Schar von Jungfrauen, die für den königlichen Harem – wohl gegen ihren Widerstand – zusammengeholt worden war. Aber Gott hielt seine Hand über Ester, sorgte dafür, dass es ihr gut ging und dass der Haremsaufseher sich um sie kümmerte. Als Ester ihre erste Nacht beim König verbringen sollte, sorgte er dafür, dass sie besonders elegant gekleidet war. Und so gefiel sie dem König so sehr, dass er sie zur Königin machte.

Noch hatte Ester nicht öffentlich erklärt, dass sie Jüdin war. Als aber ihr Volk durch Hamans Plan in großer Gefahr war, verpflichtete sie ihr Pflegevater Mordechai zum Eintreten für ihr Volk. Aber wie sollte sie das tun – auch als Königin durfte sie sich nicht ungefragt dem König nahen. Sie hatte zunächst Bedenken: „Es wissen alle Großen des Königs und das Volk in den Ländern des Königs, dass jeder, der ungerufen zum König hineingeht in den inneren Hof, Mann oder Weib, nach dem Gesetz sterben muss, es sei denn, der König strecke das goldene Zepter gegen ihn aus, damit er am Leben bleibe. Ich aber bin nun seit dreißig Tagen nicht gerufen worden, zum König hineinzukommen."

Doch trotz der Gefahr entschließt sich Ester, vor den König zu treten. Dort kommt es, wie es kommen muss. Der König richtet sein Zepter auf sie und entbindet sie so der tödlichen Strafe. Außerdem gewährt er ihr eine Bitte. Zweimal lädt Ester den König ein, gemeinsam mit Haman an einem Gastmahl teilzunehmen. Und erst dann äußert sie die Bitte um die Rettung ihres Volkes: „Habe ich Gnade vor dir gefunden, o König, und gefällt es dem König, so gib mir mein Leben um meiner Bitte willen und mein Volk um meines Begehrens willen. Denn wir sind verkauft, ich und mein Volk, dass wir vertilgt, getötet und umgebracht werden."

2. Sprecher(in):

Auch Jakob Heym bringt sich in Gefahr. Anders als Ester kann er sich nicht direkt für sein Volk einsetzen. Aber er kann vielen im Ghetto Hoffnung schenken. Als erstes versucht er, dem 25-jährigen Mischa wieder Hoffnung zu machen. Mischa ist tief verzweifelt und will, vom Hunger getrieben, Kartoffeln stehlen. Dass er sich so in Gefahr bringt, ist ihm in seiner hoffnungslosen Lage egal. Um ihm Kraft zum Ausharren zu geben, erzählt Jakob von der Roten Armee, die nur noch wenige hundert Kilometer vom Ghetto entfernt ist. Weil Mischa ihm nicht glauben will, beginnt Jakob zu lügen, er habe ein Radio. Und nun nimmt die Geschichte von Jakob dem Lügner ihren Lauf. In kurzer Zeit weiß fast das ganze Ghetto von Jakobs angeblichem Radio. Er muss nun immer neue Nachrichten erfinden, die er in seinem Radio gehört haben will. Doch damit ist Jakob in Gefahr, denn der Besitz eines Radios ist Juden bei Todesstrafe verboten.

Jakob wird durch seine Lügengeschichten zu einem tragischen und zugleich komischen Helden, der Hoffnung weckt mitten in einer schier ausweglosen Lage. Doch er ist auch ein Held mit Brüchen und inneren Zweifeln. Diese Zweifel stellen sich ein, als Herschel Schtamm, ein weiterer Bewohner des Ghettos, von einem Kontrollposten erschossen wird. Herschel hatte für Aufruhr gesorgt, als er Juden, die in einem Wagon eingeschlossen waren, von den Radionachrichten erzählte. Tief betroffen von Herschels Tod stellt Jakob die Frage nach der moralischen Dimension seiner Lügengeschichten: „… du denkst dir eine große Waage mit zwei Schalen, auf eine legst du Herschel, auf die andere türmst du alle Hoffnung, die du im Laufe der Zeit unter die Leute gebracht hast, nach welcher Seite wird sie niedergehen? Die Schwierigkeit ist, du weißt nicht, wie viel Hoffnung wiegt, niemand wird es dir sagen, du musst alleine die Formel finden und einsam die Rechnung beenden."

Immer wieder versucht Jakob, seiner Lüge ein Ende zu setzen, doch letztlich ohne Erfolg. Er wird vielmehr zu immer neuen Lügen getrieben. Den Höhepunkt der Lügengeschichte bildet in Jurek Beckers Roman die Szene, in der die achtjährige Lina nach dem Radio sucht. Jakob verweigert dem Mädchen, um das er sich seit dem Abtransport ihrer Eltern liebevoll kümmert, den Blick auf das Radio. Er gibt ihrer Bitte aber doch soweit nach, dass er ihr erlaubt, die Nachrichten mit anzuhören. Hinter einem Bretterverschlag verborgen, spielt Jakob dem Mädchen dann mittels einer Blechbüchse ein Interview mit Winston Churchill vor .

1. Sprecher(in):

Die Erzählung des Esterbuches fügt sich am Ende zum Guten. Das jüdische Volk wird aufgrund der Bitte der Königin Ester gerettet und seine Feinde werden der gerechten Strafe zugeführt. Der üble Verschwörer Haman wird an den Galgen gehängt, an den er den Juden Mordechai bringen wollte. Das Ende ist fast zu schön, um wahr zu sein – so enden Märchen. Das Buch Ester wurde in den Jahrhunderten nach seiner Entstehung für viele Menschen jüdischen Glaubens zu einer Hoffnung, wenn sie unterdrückt und verfolgt wurden. Als kleines Volk, das in einer fremden Umwelt wohnte und von der Machtpolitik anderer abhängig war, war es im persischen Reich gerettet worden. Gott erweist sich im Buch Ester als der Herr der Geschichte, auch wenn er nirgends direkt eingreift. Doch offensichtlich ist er es, der hier durch Menschen handelt, die sich im Glauben ihm verbunden wissen.

Umso schwerer ist die Frage zu beantworten, wo Gott war, als während der NS-Zeit Millionen Juden entrechtet, beraubt und umgebracht wurden. Warum konnten damals nur ganz wenige gerettet werden und der Hand ihrer Mörder entkommen? Nach Auschwitz kann man nicht mehr unbefangen von Gott als dem allmächtigen Herrn der Geschichte sprechen.

2. Sprecher(in):

Der Roman *Jakob der Lügner* endet nicht mit der Rettung wie die Erzählung von der persischen Königin Ester. Jurek Becker spielt mit dem Ende, bietet zunächst eine Version, nach der die Rote Armee tatsächlich das Ghetto befreit, allerdings erst nachdem

Jakob erschossen wurde und so geradezu zum Helden wird. Nach dem erfundenen Ende folgt das eigentliche, das der Ich-Erzähler als blasswangig, verdrießlich und einfallslos beschreibt: Bevor die Rote Armee das Lager befreien kann, räumen es die Deutschen und transportieren Jakob, Lina, den Ich-Erzähler und fast alle anderen in ein Vernichtungslager.

Am Ende bleibt die Frage, die den Roman *Jakob der Lügner* mit dem Esterbuch verbindet: Wie viel wiegt Hoffnung? Ist sie so viel wert, dass sie das Leben eines Menschen aufwiegt, so fragte sich Jakob Heym. Oder ist Hoffnung noch viel mehr wert, weil sie das Leben für alle bedrohten Menschen überhaupt erst lebenswert macht?

Man kann Hoffnung mit nichts aufwiegen, denn sie hat kein Gewicht, das sich messen ließe. Aber sie ist von unendlicher Bedeutung. Deshalb ist das Buch Ester gerade für die Menschen geschrieben, die bedrängt sind und denen es an der Möglichkeit mangelt, aus eigener Kraft ihr Schicksal zu wenden. Die Hoffnung nimmt das Erhoffte schon in die Gegenwart hinein, macht sie trotz allem lebenswert. Anders als die sprichwörtliche rosarote Brille redet sie dabei aber nicht die Gegenwart einfach nur schön, sondern rechnet mit einer Veränderung. Wie viel wiegt also Hoffnung? Uns bleibt nur die Antwort, dass das Gewicht der Hoffnung größer ist, als wir in aller Regel meinen.

LIED Sieh dein Volk in Gnaden an (EG 331,9–11)

LESUNG[11]

„Störe ich?“ fragt Kowalski und zaubert ein Lächeln, das ihm gleich nach dem ersten forschenden Blick in Jakobs Gesicht verfehlt vorkommt.

„Du bist es“, sagte Jakob. Er schließt hinter Kowalski die Tür und legt sich angezogen auf das Bett, wo er allem Anschein nach schon gelegen hat, bevor es klopfte. Er verschränkt die Hände unter dem Kopf und starrt zur Decke, Kowalski wundert sich, was mit ihm plötzlich los ist, vorhin, als sie vom Bahnhof gekommen sind, hat er noch einen ganz vergnügten Eindruck gemacht, wenn man in den letzten Jahren überhaupt von vergnügt sprechen darf.

11 Auszug aus Jurek Becker: Jakob der Lügner, 254–264.

„Ist was passiert?“ fragte Kowalski.

Passiert oder nicht passiert, Jakob spürt eine bislang unbekannte Schwäche, erschreckend plötzlich, als er vorhin vom Dachboden herunterkam, wohin er Lina begleitet hatte, musste er sich am Geländer festhalten. Er hat versucht, sich den neuen Zustand mit dem endlosen Hunger zu erklären, aber damit war nur das Zittern der Knie ergründet, kaum die Herkunft der anderen Schwäche, der ebenso quälenden, der Mutlosigkeit. Ihr forscht er nun nach, zur Decke starrend, und versucht dabei, sie sich auszureden, sie kleiner zu machen als sie tatsächlich ist, so dick und gewichtig. Der Vorfall mit Elisa Kirschbaum war sicher nur ein kleiner Baustein, er hat Jakob ohne Frage mitgenommen, aber es wäre übertrieben zu sagen, er ist das Erlebnis gewesen, das Jakob von einer Minute auf die andere den Mut nahm. Schwerer wog schon der Besuch Rosas, sich anhören zu müssen, wie Lina ihn mit Lügen verteidigt hat, mit seinen eigenen Waffen, wenn man auch diesem Besuch nicht die Hauptschuld an Jakobs schwindenden Kräften geben sollte. Es kommt von überall her ein bisschen zusammen, am meisten wohl, wenn man sich ganz einfach die Lage um einen herum ansieht. Immer öfter nimmt dich einer zur Seite und sagt dir, Jakob, Jakob, ich glaube an kein gutes Ende mehr, und wenn du den einen mit ganz frisch eingetroffenen Meldungen notdürftig getröstet hast, stehen schon sechs andere da und wollen dir dasselbe sagen. Die Russen bedrängen, laut Radio, Pry, Gott allein weiß, wen sie in Wahrheit bedrängen, oder wer sie bedrängt. Laut Radio müsste man bald das erste Geschützfeuer in der Ferne sehen, man sieht Tag für Tag das gleiche Bild, diese widerliche Trostlosigkeit. Allmählich musst du Rückzugsgefechte ins Auge fassen, denn du hast dich beim Vormarsch zu einem Tempo hinreißen lassen, das der Wirklichkeit leider nicht standhält.

Und Kowalski steht unnütz herum und wartet vergeblich auf einen einladenden Blick.

„Ich kann nicht mehr“, sagt Jakob.

Kowalski lässt ihm Zeit, er weiß nicht, dass Jakob die bedingungslose Kapitulation vorbereitet, das schlimmste aller Eingeständnisse. Er sieht nur sein knochiges Gesicht, auf die Hände gestützt, vielleicht etwas bleicher als sonst, womöglich etwas müder, aber doch das Gesicht desselben Jakob, den man kennt wie keinen zweiten. Beunruhigend ist es, weil solche Anfälle von Trübsinnigkeit bei Jakob vollkommen ungewohnt sind, mürrisch und zänkisch ist er von Zeit zu Zeit, aber das ist ein Unterschied. Wehklagend kennt man ihn nicht, weh klagen alle anderen, Jakob war so etwas Ähnliches wie ein Seelentröster. Man ist, ob bewusst oder unbewusst, nicht selten zu ihm gegangen, um sich die eigenen Schwachheiten austreiben zu lassen. Schon vor der Radiozeit, eigentlich sogar schon vor der Ghettozeit. Wenn ein besonders beschissener Tag vorüber war, wenn man von früh bis spät hinter der Schaufensterscheibe gestanden hat und vergeblich Ausschau nach Kunden gehalten, oder irgendeine Riesenrechnung ist gekommen, und es wollte einem im Traum nicht einfallen, aus welcher Tasche man sie bezahlen sollte, wohin ist man dann am Abend gegangen? In seine Diele, aber nicht, weil bei ihm der Schnaps besonders gut geschmeckt hätte. Es war derselbe wie überall, dazu noch verboten, da ohne Lizenz ausgeschenkt. Man ist hingegangen, weil die Welt nach solchem Besuch ein kleines bisschen rosiger ausgesehen hat, weil er eine Kleinigkeit überzeugender als andere „Kopf hoch" sagen konnte oder „es wird schon wieder werden" oder etwas in der Art. Vielleicht auch deswegen, weil er der einzige im dünn gesäten Bekanntenkreis war, der sich überhaupt die Mühe gegeben hat, einem so etwas zu sagen. Kowalski lässt ihm Zeit.

Da fängt Jakob zu reden an, dem Schein nach zu Kowalski, denn kein anderer ist im Zimmer, den Worten nach zu einem größeren Auditorium, also einfach vor sich hin in die Luft, mit Wehmut in der leisen Stimme und mit dieser nie gehörten Resignation, die letzte einer verschwenderischen Vielzahl von Meldungen an alle. Dass sie ihm, wenn es ihre schwachen Kräfte erlauben, nicht böse sein sollen, er hat nämlich kein Radio, er hat nie eins besessen. Er weiß auch nicht, wo die Russen sind, vielleicht kommen sie morgen, vielleicht kommen sie nie, sie stehen in Pry oder in Tobolin oder in Kiew oder in Poltawa oder noch viel weiter entfernt, vielleicht sind sie inzwischen sogar vernichtend geschlagen, nicht einmal das weiß er. Das einzige, was er mit Gewissheit sagen kann, sie haben vor so und so langer Zeit um Bezanika gekämpft, woher die Gewissheit, das ist eine ganze Geschichte für sich, die interessiert heute keinen Menschen mehr, jedenfalls ist das die Wahrheit. Und dass er sich wohl vorstellen kann, wie bestürzend dieses Geständnis in ihren Ohren klingen muss, darum noch einmal die Bitte um Nachsicht, er wollte nur das Beste, aber seine Pläne haben sich zerschlagen.

Dann ist es lange still im Zimmer, ein König hat gewissermaßen abgedankt. Jakob versucht vergeblich, in Kowalskis Gesicht Bewegung zu entdecken, der sieht durch ihn hindurch und sitzt wie eine Salzsäule. Natürlich fallen Jakob, kaum ist das letzte Wort verklungen, Gewissensbisse an, nicht wegen der Mitteilung selbst, die war notgedrungen fällig und duldete keinen Aufschub. Ob Kowalski unbedingt der richtige Mann war, in dessen Gegenwart der Schlussstrich gezogen werden musste, gerade Kowalski.

„Du sagst nichts?" fragte Jakob.

„Was soll ich sagen."

Aus unergründlichen Tiefen förderte Kowalski ein Lächeln, ohne dieses Lächeln wäre er nicht Kowalski, sieht Jakob auch wieder an, mit Augen zwar, die weniger lächeln als der Mund, aber dennoch nicht vom Ende aller Hoffnung künden, eher pfiffig blicken, als sähen sie, wie immer, so auch diesmal hinter die Dinge.

„Was soll ich sagen, Jakob? Ich verstehe dich schon, ich verstehe dich sehr gut. Weißt du, ich bin so ziemlich das Gegenteil von einem Husaren, du kennst mich lange genug.

Wenn ich hier ein Radio gehabt hätte, von mir hätte wahrscheinlich kein Mensch ein Wort erfahren. Oder noch wahrscheinlicher, ich hätte es aus Angst einfach verbrannt, ich mache mir da gar nichts vor. Ein ganzes Ghetto mit Nachrichten zu beliefern! So weit wäre ich nie gegangen, weiß man, wer mithört? Wenn ich irgendwann im Leben jemand verstanden habe, dann dich jetzt."

Solchen Flug der Gedanken konnte Jakob nicht erwarten, der durchtriebene Kowalski hat sich selbst übertroffen, hat seine Berechnungen sogar da angestellt, wo es nichts zu rechnen gab. Wie willst du ihn überzeugen, dass du wenigstens jetzt die Wahrheit sagst, du kannst ihm höchstens anbieten, alle Winkel in Stube und Keller zu durchstöbern. Doch mit nach außen gekehrten Handflächen beteuern: „Wann habe ich dich je belogen?", das kannst du nun nicht mehr. Und wenn du ihn tatsächlich aufforderst zu suchen, alle Radios, die du bei mir findest, Kowalski, gehören dir, er wird dir wissend zublinkern und etwas Ähnliches entgegnen wie: „Lassen wir doch die Späße, Jakob, wozu kennt man sich vierzig Jahre?"

„Keine Angst, Alter, vor mir bist du sicher. Ich werde dich nicht mehr fragen." Kowalski geht zur Tür, das Lächeln von neuem belebend, bevor er sie öffnet, dreht er sich noch einmal um, zwinkert tatsächlich, mit beiden Augen.
„Und ich bin dir nicht böse." Und geht.

Am nächsten Morgen, nach der schlaflosesten Nacht seit langem, ist Jakob auf dem Weg zur Arbeit. Schon von weitem sieht Jakob eine größere Menschenansammlung, an einer Straßenecke, genau vor dem Haus, in dem Kowalski wohnt. Jakobs erster Gedanke, er vermutet Kowalski mitten in dem Haufen, der beste Freund ist bestimmt auf die Straße gekommen und hat, wie es ihm angeboren ist, den Mund nicht halten können. Entweder ist er beim nächtlichen Klären doch noch zu der Überzeugung gelangt, dass man ihm die Wahrheit gesagt hat, oder, was bei Kowalski wahrscheinlicher ist, er glaubt weiterhin nicht, tut aber so nach außen hin, denn wahre Freundschaft heißt zusammenhalten. Ist aus dem Haus getreten und hat im Handumdrehen die Juden mit der Hiobsbotschaft zu Tode erschreckt, weil er unbedingt der erste sein muss, ob in der Hölle oder ins Paradies, Kowalski immer vorneweg. Hat einem damit alle Rückzugswege abgeschnitten.

Jakob bekommt Lust zurückzugehen und einen kleinen Umweg zu machen, es wird auch so schon schwer genug, auf dem Bahnhof werden sie ihn noch genug foltern. Das hier soll Kowalski allein durchstehen. Da fällt Jakob, noch in einiger Entfernung von der Gruppe, auf, dass die Leute kaum reden, dabei müssten sie aufgeregt sein nach der vermuteten Nachricht, die meisten stehen stumm und betroffen, wie sich beim Näherkommen erweist, einige schauen nach oben. Zu einem geöffneten Fenster, an dem auf den ersten Blick nichts Absonderliches ist, einfach leer und offen. Jakob weiß nicht genau, ob es sich um Kowalskis Fenster handelt oder um eins daneben. Auf den zweiten Blick sieht er doch das Besondere, ein kurzes Stück Schnur, am Fensterkreuz und gerade fingerlang, darum so spät bemerkt.

Jakob stürzt durch den Auflauf in das Haus, er versucht zwei Stufen auf einmal, aber nur die beiden ersten gelingen ihm so, zum Glück wohnt Kowalski in der ersten Etage. Die Tür steht offen wie das Fenster, es zieht also, die drei Zimmernachbarn Kowalskis sind nicht mehr zu Hause. Nur Kowalski ist zu Hause, und zwei Wildfremde im Zimmer, die ihn als erste der Vorübergehenden hängen sahen. Sie haben ihn abgeschnitten und auf das Bett gelegt, jetzt stehen sie hilflos herum und wissen nicht, was weiter zu tun wäre. Einer von ihnen fragt Jakob: „Haben Sie ihn gekannt?"

„Was?" fragt Jakob vor dem Bett. „Ob Sie ihn gekannt haben?" „Ja", sagt Jakob.

MUSIK

FÜRBITTEN

Sprecher(in):
Lasst uns voll Hoffnung zu Gott beten:
Für Christen und Juden, wo sie sich begegnen,
dass die Wunden und Verletzungen anfangen zu heilen,
die Christen Juden zugefügt haben,
dass Schuld ernst genommen und nicht verdrängt wird
und die christlichen Vorurteile überwunden werden.
Dafür lasst uns zu Gott beten:
Herr, erhöre uns.

Sprecher(in):
Für die Überlebenden der Ghettos und Konzentrationslager,
die noch immer gezeichnet sind von dem erlittenen Grauen,
für die Nachkommen, die noch trauern und nicht vergessen können,
wie viel Leben vernichtet und zerstört wurde,
besonders durch unser Volk,
dass sie Linderung finden in ihrem Schmerz,
dass sie Gottes tröstende Nähe erfahren,
dass sie auf ein Ende von Hass und Verachtung hoffen können.
Dafür lasst uns zu Gott beten:
Herr, erhöre uns.

1. Sprecher(in):
Für die Menschen im Nahen Osten, Juden, Christen und Muslime,
besonders die Bewohner Israels und seiner Nachbarländer,
dass sie das Gespräch suchen und Misstrauen abbauen,
dass sie einander verstehen, ja wertschätzen lernen
und sehen, wie sie einander brauchen,
damit eine gerechte Ordnung und Frieden

für diesen Teil der Welt gefunden werde.
Dafür lasst uns zu Gott beten:
Herr, erhöre uns.

2. Sprecher(in):
Für alle Flüchtlinge und Heimatlosen auf unserer Erde,
dass sie Aufnahme finden, ein neues Zuhause,
oder heimkehren können in sichere Verhältnisse,
dass Krieg und Verfolgung ein Ende haben;
für alle Minderheiten in der Welt,
dass ihr Wert erkannt und ihnen ihr Lebensrecht
zugestanden wird,
dass Rassenhass und Menschenverachtung ein Ende haben
und sichtbar wird, dass Gott allen Menschen zugetan ist.
Dafür lasst uns zu Gott beten:
Herr, erhöre uns.

STILLES GEBET

VATER UNSER

LIED Schalom chaverim (EG 434)

SEGEN

MUSIK

Fundsache

Literaturgottesdienst mit Texten von Siegfried Lenz

MUSIK

LIED O Heilger Geist, kehr bei uns ein (EG 130,1–3)

BEGRÜSSUNG

Der Menschensohn ist gekommen, zu suchen und selig zu machen, was verloren ist (Lk 19,10).

Mit diesen Worten aus dem Lukasevangelium begrüße ich Sie herzlich zum heutigen Gottesdienst. Vom Suchen nach dem, was verloren ist, handelt ein Roman von Siegfried Lenz, der uns in diesem Gottesdienst beschäftigen wird. Er soll in einen Dialog treten zur Parabel vom verlorenen Sohn.

LIED Ich will dich lieben, meine Stärke (EG 400,1–5.6)

PSALMMEDITAITON zu Psalm 40

1. Sprecher(in):
Ich setze mein Vertrauen auf Gott,
denn er neigte sich zu mir und hörte auf mein Schreien.
Er zog mich aus der grausigen Grube,
aus dem Schmutz und Schlamm.
Er stellte meine Füße auf festen Boden,
dass ich wieder aufrecht stehe.

2. Sprecher(in):
Ich setze mein Vertrauen auf Gott,
denn er gab mir ein neues Lied,
öffnete meinen Mund, dass ich ihn wieder fröhlich lobe.
Und so singe ich von seinen Wundern
und preise seine Güte,
die er an mir bewiesen hat.

1. Sprecher(in):
Ich setze mein Vertrauen auf dich, meinen Gott,
denn du hast mich in dein Buch geschrieben,
dass ich nicht vergehen muss.
Deshalb tue ich deinen Willen mit Freude
und bewahre dein Gesetz in meinem Herzen.
Ich verkündige deine Gerechtigkeit vor aller Augen
und lasse mir meinen Mund nicht stopfen.

2. Sprecher(in):
Ich setze mein Vertrauen auf dich, meinen Gott,
denn du bist ein Retter aus der Sünde,
die mich gefangen nimmt und mir über den Kopf wächst.
Wende deine Barmherzigkeit nicht von mir
und behüte mich mit deiner Güte und Treue.
Komm, mich zu erretten und eile, mir zu helfen.

TAGESGEBET

Gütiger Gott, aus deiner Kraft kommt unser Leben. Die Fülle deiner Gaben macht uns reich. Wir können tun, was richtig ist und so leben, wie du es uns gezeigt hast. Wir aber suchen nach Schätzen, die uns das Leben leichter machen und uns scheinbare Sicherheit geben. Dabei verlieren wir dich immer wieder aus den Augen.

Darum bitten wir dich: Hilf uns immer wieder aufs Neue, unser Suchen und Handeln an deinem Willen auszurichten. Und führe unsere Suche nach Sinn und nach Zukunft in deinem Reich ans Ziel.

LESUNG (Lk 15,11–32)

Ein Mensch hatte zwei Söhne. Und der jüngere von ihnen sprach zu dem Vater: Gib mir, Vater, das Erbteil, das mir zusteht. Und er teilte Hab und Gut unter sie. Und nicht lange danach sammelte der jüngere Sohn alles zusammen und zog in ein fernes Land; und dort brachte er sein Erbteil durch mit Prassen.

Als er nun all das Seine verbraucht hatte, kam eine große Hungersnot über jenes Land, und er fing an zu darben und ging hin und hängte sich an einen Bürger jenes Landes; der schickte ihn auf seinen Acker, die Säue zu hüten. Und er begehrte, seinen Bauch zu füllen mit den Schoten, die die Säue fraßen; und niemand gab sie ihm. Da ging er in sich und sprach: Wie viele Tagelöhner hat mein Vater, die Brot in Fülle haben, und ich verderbe hier im Hunger! Ich will mich aufmachen und zu meinem Vater gehen und zu ihm sagen: Vater, ich habe gesündigt gegen den Himmel und vor dir. Ich bin hinfort nicht mehr wert, dass ich dein Sohn heiße; mache mich zu einem deiner Tagelöhner!

Und er machte sich auf und kam zu seinem Vater. Als er aber noch weit entfernt war, sah ihn sein Vater, und es jammerte ihn; er lief und fiel ihm um den Hals und küsste ihn.

Der Sohn aber sprach zu ihm: Vater, ich habe gesündigt gegen den Himmel und vor dir; ich bin hinfort nicht mehr wert, dass ich dein Sohn heiße.

Aber der Vater sprach zu seinen Knechten: Bringt schnell das beste Gewand her und zieht es ihm an und gebt ihm einen Ring an seine Hand und Schuhe an seine Füße und bringt das gemästete Kalb und schlachtet's; lasst uns essen und fröhlich sein! Denn dieser mein Sohn war tot und ist wieder lebendig geworden; er war verloren und ist gefunden worden. Und sie fingen an, fröhlich zu sein.

Aber der ältere Sohn war auf dem Feld. Und als er nahe zum Hause kam, hörte er Singen und Tanzen und rief zu sich einen der Knechte, und fragte, was das wäre. Der aber sagte ihm: Dein Bruder ist gekommen, und dein Vater hat das gemästete Kalb geschlachtet, weil er ihn gesund wiederhat. Da wurde er zornig und wollte nicht hineingehen. Da ging sein Vater heraus und bat ihn. Er antwortete aber und sprach zu seinem Vater: Siehe, so viele Jahre diene ich dir und habe dein Gebot noch nie übertreten, und du hast mir nie einen Bock gegeben, dass ich mit meinen Freunden fröhlich gewesen wäre. Nun aber, da dieser dein Sohn gekommen ist, der dein Hab und Gut mit Huren verprasst hat, hast du ihm das gemästete Kalb geschlachtet.

Er aber sprach zu ihm: Mein Sohn, du bist allezeit bei mir, und alles, was mein ist, das ist dein. Du solltest aber fröhlich und guten Mutes sein; denn dieser dein Bruder war tot und ist wieder lebendig geworden, er war verloren und ist wiedergefunden.

LIED Such, wer da will, ein ander Ziel (EG 346)

1. Sprecher(in)

„Vater, ich habe gesündigt gegen den Himmel und vor dir; ich bin hinfort nicht mehr wert, dass ich dein Sohn heiße." Mit diesen Worten kehrt der verlorene Sohn zurück zu seinem Vater. Er kehrt zurück, weil er nach langer Suche nun weiß: Dort beim Vater ist der Ort, an den er gehört – ob als Sohn oder als Tagelöhner.

Wir können das Gleichnis vom verlorenen Sohn hören als eine Suche nach der eigenen Bestimmung, nach dem Ort, der zur Heimat werden kann. Anfangs kann der jüngere Sohn noch nicht erkennen, wie gut es ihm bei seinem Vater geht. Er muss die Heimat verlassen, um zu sich selbst zu kommen. Darum lässt er sich von seinem Vater auszahlen: „Gib mir, Vater, das Erbteil, das mir zusteht." Nicht lange danach verlässt er den elterlichen Hof und will in der Fremde sein Glück machen.

In einem fernen Land bringt er seinen Erbteil durch mit Prassen. Er macht die Erfahrung: Wer Geld hat, der hat auch Freunde. Doch als das Geld zur Neige geht und er nicht mehr den großzügigen, reichen Sohn geben kann, da muss er erfahren, wie flüchtig solche Freunde sind. Nun ist er allein. Und als eine Hungersnot kommt, eine Wirtschaftskrise, findet er weder angemessene Arbeit noch Brot.

Schließlich wird der junge Mann zum Schweinehirten. Aber die Bezahlung ist schlecht. Obwohl er von morgens bis abends arbeitet, reicht es nicht für den täglichen Bedarf. Er kann sich nicht einmal satt essen. Wenn man nicht einmal das Nötigste zum Leben hat, obwohl man den ganzen Tag arbeitet, dann ist man verraten und verkauft. Und so fühlte sich der junge Mann auch. Jetzt wird er zum verloren Sohn. Er hat die Selbständigkeit und damit einen Teil seines Lebens verloren. Das Ziel seines Lebens, seine Berufung hat er aus den Augen verloren.

2. Sprecher(in):

Auch der Roman von Siegfried Lenz, aus dem wir eben einen Auszug gehört haben, handelt von der Suche nach der eigenen Berufung. Und zugleich handelt er davon, wie dieses Lebensziel verloren gehen kann. Das Verlieren und das Wiederfinden werden zum Symbol eines Lebensweges: Vordergründig werden im Fundbüro verlorene Gegenstände aufbewahrt und wiedergefunden. Aber der Held des Romans, Henry Neff, findet hier auch einen Arbeitsplatz, der für ihn mehr und mehr zur Berufung wird. Er findet dort einen Freund und eine Freundin. Er findet seinen Sinn im Leben, er merkt, wie das Tun seiner Hände ihm Freude macht. Auch wenn in den Augen anderer eine Arbeitsstelle im Fundbüro wie ein Abstellgleis erscheint.

Im Fundbüro kommt Henry nicht aus dem Staunen heraus. Was die Leute alles verlieren! Jedes verlorene Teil ist mit einer Lebensgeschichte verbunden. Es sind diese Lebensgeschichten, die Henry bald mehr interessiert als Geld oder Karriere. Ein Mädchen hat den Verlobungsring verloren, den schon die Mutter ihres Bräutigams getragen hatte. Ein Artist sucht seinen Spezialkoffer mit Wurfmessern, eine junge Schauspielerin ihr verloren gegangenes Textbuch. Aber haben die Menschen, die ins Fundbüro kommen, wirklich die Dinge verloren, nach denen sie suchen? Henry muss ihre Berechtigung überprüfen. Unter den verlorenen Gegenständen haben manche einen hohen Wert. In einer Puppe steckt ein Bündel mit Banknoten. So muss der Artist zeigen, dass er mit den Wurfmessern umgehen kann und die junge Schauspielerin muss Henry einige Passagen des verlorenen Textbuches aus dem Gedächtnis vortragen.

Nicht nur für Henry wird das Fundbüro zu einem Ort, an dem das Leben eine Wende erfährt. Das gilt auch für andere: Es werden dort nämlich nicht nur verloren gegangene Gegenstände gefunden, sondern auch Menschen. So werden ein Vater oder eine im Krieg verloren gegangene Schwester wiedergefunden. Auf der anderen Seite verliert ein für Henry zum Freund gewordener Arbeitskollege seinen Arbeitsplatz, muss in den vorgezogenen Ruhestand und verliert damit seine Perspektive.

1. Sprecher(in):

Beim Hüten der Schweine beginnt der verloren gegangene Sohn, die Schweine zu beneiden. Sie konnten sich wenigstens satt essen. Am liebsten hätte er mit ihnen getauscht. Da kommt ihm der erleuchtende Gedanke: Er will zurückkehren zu seinem Vater. Dort geht es selbst den Tagelöhnern besser als ihm jetzt. Er weiß, dass er nicht einfach seinen früheren Platz einnehmen kann. Darum überlegt er, was er dem Vater sagen will, wenn er ihn wiedersieht: „Vater, ich habe gesündigt gegen den Himmel und vor dir; ich bin hinfort nicht mehr wert, dass ich dein Sohn heiße. Mache mich zu einem deiner Tagelöhner.“ Und so macht sich der Sohn auf den Weg an den Ort, der – wie er nun weiß – seine Heimat ist. Dort will er sein und sei es als Tagelöhner.

Der Vater hat schon lange nichts mehr von seinem Sohn gehört. Für ihn hatte sich die Spur des Sohnes verloren. Er kann nur noch hoffen, dass sein Sohn wieder zurückkehrt. Darum läuft er ihm entgegen, als er ihn kommen sieht. Er nimmt seinen Sohn in den Arm. Der verloren Geglaubte ist endlich wiedergefunden.

Der Vater überhört die Worte: „Vater, ich habe gesündigt gegen den Himmel und vor dir; ich bin hinfort nicht mehr wert, dass ich dein Sohn heiße. Mache mich zu einem deiner Tagelöhner." Er nimmt ihn mit in sein Haus, gibt ihm ein Festtagsgewand, steckt ihm seinen Siegelring an die Hand. Der Vater lässt ein großes Willkommensfest vorbereiten. Und dem älteren Sohn, der sich zunächst gar nicht freuen kann an der Rückkehr des Bruders, dem sagt er: „Mein Sohn, dein Bruder war verloren; jetzt ist er gefunden worden."

2. Sprecher(in):

Wir können uns aber – je nach Lebenssituation – mit den drei wichtigen Rollen im Gleichnis identifizieren: mit dem Vater oder dem älteren Sohn.

Nach einem Streit, nach einer harten Auseinandersetzung – können wir dann anders handeln als der Vater dieses Gleichnisses, wenn der Partner, die Tochter oder der Sohn sagt: Es tut mir leid.

Und auch in den zu Hause gebliebenen Sohn kann ich mich ganz gut hineinversetzen. Wer einen Bruder oder eine Schwester hat, weiß wie leicht man sich schlechter behandelt fühlt als der andere. Und hier: Der Bruder hatte doch auf den Gefühlen des Vaters gnadenlos herumgetrampelt, hatte sich auszahlen lassen und war weggegangen. Und kaum ist er wieder da, hat der Vater alles vergessen. „Ich komme mir ganz schön blöd vor, habe immer alles gemacht, habe den Vater aufgeheitert, habe mich gekümmert. Und kaum ist der jüngere Bruder wieder da, ist alles vergessen!"

Aber es ist auch gut, wenn wir uns in die Rolle des verlorenen Sohnes flüchten können. Manche unter uns wissen darum, was es bedeutet, verloren zu gehen. Wie wir uns verloren vorkommen, wenn uns niemand versteht, wenn wir allein auf weitem Feld stehen. Wenn der Partner gegangen ist. Dass wir nach einem Fehler, nach begangener Schuld noch mal neu anfangen können. Dass wir aus den Sackgassen unseres Lebens umkehren können. Und dass wir trotz allem darum wissen, dass wir angenommen sind von den Menschen, die uns wichtig sind, aber vor allem von Gott.

LIED Ich steh vor dir mit leeren Händen, Herr (EG 382)

LESUNG[12]

1. Szene (der Beginn):

1. Sprecher: „Mein Name ist Henry Neff",
2. Sprecher: sagte Henry.
3. Sprecher: „Gut",
2. Sprecher: sagte Bußmann,
3. Sprecher: „und was vermissen Sie?"
1. Sprecher: „Nichts",
2. Sprecher: sagte Henry vergnügt,
1. Sprecher: „noch nichts, ich soll mich hier melden, im Fundbüro."
2. Sprecher: Bußmann musterte das junge, treuherzige Gesicht, auf dem ein Ausdruck von Unbekümmertheit lag; ein Gesicht, das nicht die gewohnte Verzagtheit oder gar Verzweiflung der täglichen Verlierer zeigte, und fragte:
3. Sprecher: „Warum – warum sollen Sie sich hier melden?"
1. Sprecher: „Sie haben mich hierher versetzt",
2. Sprecher: sagte Henry,
1. Sprecher: „ins Fundbüro, meine Unterlagen werden gewiss schon hier sein."
3. Sprecher: „Dann müssen Sie mit dem Chef sprechen",
2. Sprecher: sagte Bußmann und deutete auf einen verglasten Raum vor den Regalen, in dem der mächtige Rücken eines Mannes zu erkennen war, der bei trübem Licht las. Während Henry überlegte, auf welchem Weg er zum Chef gelangen könnte, forderte ihn Bußmann mit einer Geste auf, einfach durch das kniehohe offene Fenster zu steigen und den Hügel von Koffern zu umrunden, die, wie ein Schild besagte, für eine Auktion bereitgestellt worden waren.

Bei Henrys Eintritt stand der Chef auf, ein schwerer Mann, graues Stoppelhaar, wässrige Augen; freundlich gab er Henry die Hand und sagte:

4. Sprecher: „Ich bin Hannes Harms, willkommen in der Etappe der Bundesbahn."

12 Auszug aus Siegfried Lenz: Fundbüro, 9–11. 30. 232–234 (für mehrere Sprecher bearbeitet).

2. Sprecher: Er schob einige Papiere zur Seite – Henry war sicher, dass es seine Unterlagen waren –, nahm einen Schluck Kaffee aus einem Porzellanbecher und steckte sich eine Zigarette an. Dann bot er Henry einen Stuhl an, blickte auf einen weißen Vogelbauer, in dem ein Dompfaff von Stange zu Stange hüpfte und dabei einen einzigen anfragenden Ton hören ließ.
1. Sprecher: „Ein schöner Vogel“,
2. Sprecher: sagte Henry.
4. Sprecher: „Eine Fundsache“,
2. Sprecher: sagte Harms,
4. Sprecher: „eine Fundsache wie alles hier, in einem Eilzug aus Fulda wurde er gefunden, kam direkt aus der Bischofsstadt; da wir den Vogel auf der Auktion nicht loswerden konnten, habe ich ihn zu mir genommen, ich nenne ihn Pius.“
2. Sprecher: Henry sah ihn verblüfft an und schüttelte den Kopf und sagte:
1. Sprecher: „Wie kann man einen Vogel vergessen, in seinem Bauer vergessen?“
4. Sprecher: „Solch eine Frage hätte ich auch gestellt“,
2. Sprecher: sagte Harms,
4. Sprecher: „Vor fünfzehn Jahren, als ich hier anfing – mittlerweile habe ich mir das Staunen abgewöhnt. Sie glauben nicht, was alles die Menschen heute verlieren, vergessen; selbst Dinge, von denen ihr Schicksal abhängt, lassen sie einfach im Zug liegen und kommen dann zu uns und erwarten, dass wir ihnen zu ihrem Eigentum verhelfen.“
2. Sprecher: Und müde sagte er:
4. Sprecher: „Nirgendwo sonst gibt es einen Ort, wo Sie so viel Zerknirschung erleben, so viel Bangen und Selbstanklagen, na, Sie werden es ja erfahren.

Sie sind jetzt vierundzwanzig, Herr Neff, vierundzwanzig, mein Gott, da müsste man die erste Schiene gelegt haben, auf ein Ziel zusteuern, wenn Sie wissen, was ich meine. Und jetzt sind Sie bei uns gelandet, auf unserem Abstellgleis, ja in gewisser Weise müssen Sie sich wie auf einem Abstellgleis vorkommen, denn von hier beginnt man keine Laufbahn, bei uns gibt es keine Aufstiegsmöglichkeit, irgendwann fühlt man sich ausrangiert.“
2. Sprecher: Harms setzte sich wieder, schwieg und sah Henry fragend an, und aufgefordert von diesem Blick sagte Henry:

1. Sprecher: „Kein Bedarf, Herr Harms, wirklich, das Aufsteigen überlasse ich gern anderen, mir genügt's, wenn ich mich wohl fühle bei der Arbeit."
4. Sprecher: „Wohl fühlen",
2. Sprecher: sagte Harms lächelnd,
4. Sprecher: „ich hoffe, Sie werden bei uns Gelegenheit dafür finden."

2. Szene (die Atmosphäre):

5. Sprecher: „Und was macht Ihnen Freude bei uns?"
2. Sprecher: fragte Paula.
1. Sprecher: „Verschiedenes",
2. Sprecher: sagte Henry.
5. Sprecher: „Verschiedenes ist zu unbestimmt",
2. Sprecher: sagte Paula.
1. Sprecher: „Also gut",
2. Sprecher: sagte Henry,
1. Sprecher: „erstens macht es mir auf unserer Dienststelle Freude, weil ich die Arbeit für nützlich halte, und zweitens gefällt mir die Atmosphäre, der Umgangston, man kann auch gleich sagen: Mir gefallen die Kollegen."
2. Sprecher: Da Paula schwieg, fuhr er fort:
1. Sprecher: „Man findet nicht überall einen Albert Bußmann, der einen Anfänger so geduldig einarbeitet, ihm von all seinen Kenntnissen abgibt; und einen Chef wie Herrn Harms zu bekommen, das ist einfach ein Glücksfall. Außerdem" –
2. Sprecher: er unterbrach sich, blickte sie freimütig an –,
1. Sprecher: „außerdem freue ich mich darüber",
2. Sprecher: sagte er dann,
1. Sprecher: „dass Sie im Fundbüro arbeiten. Ob Sie's glauben oder nicht: Wenn ich morgens reinkomme und Sie an Ihrem Schreibtisch sehe, bin ich schon gut gelaunt."

3. Szene (der Schluss):

2. Sprecher: Während Paula begann, die Listen für die nächste Auktion zu vervollständigen, deutete Harms noch einmal auf das Büro, und mit der Bemerkung:
4. Sprecher: „Wir sind noch nicht fertig, Henry",
2. Sprecher: ging er ihm voraus; dass der Chef Wichtiges bereden wollte, war seinem Gesicht anzusehen, diesem grüb-

lerischen Ausdruck, der sich erst verlor, als sie einander gegenübersaßen.

4. Sprecher: „Ich weiß nicht, Henry, ob dir bekannt ist, dass ich laut Stellenplan einen Vertreter habe, bisher war es Albert. Wir wissen nicht, ob er zu uns zurückkommt, und wenn, ob er dann die Position ausfüllen kann oder will. Da ich demnächst einige Reisen machen muss – Informationsreisen, es geht um die Zusammenarbeit von Fundbüros –, müssen wir hier nach Plan besetzt sein – das siehst du doch ein."

1. Sprecher: „Aber sicher."

4. Sprecher: „Gut, Henry, und während meiner Abwesenheit wirst du mich vertreten, ganz offiziell. Du wirst mein Vertreter. Das haben wir beschlossen, die Personalabteilung bekommt noch Bescheid."

2. Sprecher: Henry sah seinen Chef bestürzt an, er machte eine abwehrende Handbewegung, er stand auf und fragte:

1. Sprecher: „Und Paula? Sie ist viel länger hier, sie hat das größere Anrecht."

4. Sprecher: „Paula hat dich vorgeschlagen",

2. Sprecher: sagte Harms.

1. Sprecher: „Paula?"

4. Sprecher: „Sie meinte, du bist der beste Mann, den das Fundbüro in der letzten Zeit hatte, und ich teile ihre Meinung. Wir haben lange über dich gesprochen."

1. Sprecher: „Paula hat mich vorgeschlagen?"

2. Sprecher: wiederholte Henry ungläubig.

4. Sprecher: „Sie schätzt deine Arbeit", sagte Harms, „und ich glaube auch, sie hat dich gern."

2. Sprecher: Henry trat ans Fenster und blickte zu Paula hinab, die über ihren Listen saß und nicht, worauf er hoffte, zu ihm aufsah; er hörte Harms ihm eine Frage stellen, schien die Frage aber nicht verstanden zu haben und wartete darauf, dass der Chef sie noch einmal stellte.

4. Sprecher: „Also, Henry, was ist? Ich will der Personalabteilung schreiben, nimmst du unseren Vorschlag an?"

2. Sprecher: Da Henry schwieg, setzte er hinzu:

4. Sprecher: „Du wirst es nicht bedauern. Um aufzusteigen, braucht man mitunter ein Sprungbrett – wenn du weißt, was ich meine."

2. Sprecher: Henry schüttelte den Kopf. Er bedankte sich und sagte dann:

1. Sprecher: „Ich freue mich, dass man zufrieden ist mit meiner Arbeit. Aber aufsteigen – mir liegt nicht daran, aufzusteigen, das überlasse ich gern anderen."
4. Sprecher: „Gut",
2. Sprecher: sagte Harms,
4. Sprecher: „das hast du mir schon einmal gesagt, damals, als du zum ersten Mal hier hereinkamst; wenn dich das Wort ‚aufsteigen' stört, dann nennen wir es anders, nennen es ‚verändern'; hast du nicht manchmal den Wunsch, dich zu verändern?"
1. Sprecher: „Aber mir gefällt es so, wie es ist, an Verwaltungsarbeit bin ich nicht interessiert, und wie sehr die Ihnen zu schaffen macht, das sehe ich ja an dem Papier auf Ihrem Schreibtisch."
4. Sprecher: „Ach, Henry, aber dann verrat mir mal, was dir hier so gefällt."
1. Sprecher: „Wissen Sie es nicht? Sie mit Ihrer langen Erfahrung? Also, was mir gefällt – und sogar mehr als gefällt – das ist die tägliche Begegnung mit Verlierern, mit den Leuten, die uns einen Verlust anzeigen. Nie hab ich mir vorstellen können, was alles die Leute liegenlassen und vergessen oder auf dem Bahnhofsgelände verlieren. Und nie habe ich geglaubt, dass man Leute erst richtig kennenlernt, wenn sie hier erscheinen, um einen Suchauftrag zu unterschreiben; dies Jammern, dies Hadern, diese Selbstvorwürfe. Und diese Freude, wenn Hoffnung aufblitzt und ich sie trösten kann. Mitunter, wenn ich einem Antragsteller zu seinem Eigentum verhelfen kann, bin ich nicht weniger glücklich als er selbst."

Musik

Fürbitten

Wir danken dir, Gott, für deine Gaben, die wir von dir empfangen haben. Du stellst einen jeden von uns an seinen Platz, und stellst uns in die Verantwortung, mitzubauen an deinem Haus, in dem alle Menschen ihren Platz finden sollen.

Wir bitten dich für alle, die ihren Ort noch nicht gefunden haben in dieser Welt, die sich nicht gebraucht fühlen. Lass sie eine Arbeit und ihre Lebensaufgabe finden. Lass sie an den Widerständen reifen, die sich ihnen in den Weg stellen. Gib ihnen Menschen, die ihnen mit Rat und Tat zur Seite stehen, die ihnen zu Vorbildern werden, die ihnen Mut machen und neue Wege weisen.

Wir danken dir, Gott, für deine Gabe, die Ruhe, für Feierabend und Feiertag, für Urlaub und Lebensabend. Nicht Hetze, nicht Faulheit will dir gefallen, Arbeit und Freizeit misst du uns zu nach ihrem Maß und segnest unser Tun und Lassen.

Für alle, die auf den Lebensabend zugehen, bitten wir: Lass sie erkennen, dass der Sinn des Lebens nicht allein in der Arbeit liegt. Gib ihnen offene Augen für neue Gelegenheiten und die Kraft, brach liegende Fähigkeiten zu entdecken. Schenke ihnen Weisheit, dass sie ihre Grenzen annehmen und Dankbarkeit für das im Leben Erreichte.

Wir danken dir, Gott, für deine Gabe, den Frieden. Du bewirkst, dass wir sicher wohnen, dass einer den anderen leben lässt und ihm zum Leben hilft. Du willst nicht Kampf und Streit, sondern Freundlichkeit und Frieden.

Wir bitten dich um Frieden für uns und alle Menschen: Lass Frieden einziehen zwischen den Völkern und Staaten, in deiner Schöpfung, zwischen Mensch und Tier. Vor allem aber gib uns den Frieden, der alles Begreifen, Denken und Hoffen übersteigt. Gib uns den Frieden, der du selbst bist.

STILLE

VATER UNSER

LIED In Gottes Namen wolln wir finden, was verloren ist (EG 631 – Regionalteil Hessen-Nassau und Kurhessen-Waldeck).

SEGEN

„Bis ich dich finde“

Literaturgottesdienst mit Texten aus dem gleichnamigen Roman von John Irving

Lied O Heiliger Geist, kehr bei uns ein (EG 130,1–2)

Begrüssung

„Wem viel gegeben ist, bei dem wird man viel suchen; und wem viel anvertraut ist, von dem wird man um so mehr fordern (Lk 12,48).“

Wem viel gegeben ist – wir sind zunächst einmal beschenkt. Uns ist immer erst etwas gegeben, bevor bei uns nach Früchten gesucht wird. Doch immer wieder verlieren wir die Schätze unseres Lebens aus den Augen, blicken neidisch auf das, was andere haben oder besser können. Der heutige Gottesdienst mag uns den Blick dafür öffnen, was uns geschenkt und anvertraut ist – nicht zuletzt die Verheißung des Reiches Gottes.

Lied All Morgen ist ganz frisch und neu (EG 440)

Psalm 40

1. Sprecher(in):
Ich setze mein Vertrauen auf Gott,
denn er neigte sich zu mir und hörte auf mein Schreien.
Er zog mich aus der grausigen Grube,
aus dem Schmutz und Schlamm.
Er stellte meine Füße auf festen Boden,
dass ich wieder aufrecht stehe.

2. Sprecher(in):

Ich setze mein Vertrauen auf Gott,
denn er gab mir ein neues Lied,
öffnete meinen Mund, dass ich ihn wieder fröhlich lobe.

Und so singe ich von seinen Wundern
und preise seine Güte,
die er an mir bewiesen hat.

1. Sprecher(in):
Ich setze mein Vertrauen auf dich, meinen Gott,
denn du hast mich in dein Buch geschrieben,
dass ich nicht vergehen muss.
Deshalb tue ich deinen Willen mit Freude
und bewahre dein Gesetz in meinem Herzen.
Ich verkündige deine Gerechtigkeit vor aller Augen
und lasse mir meinen Mund nicht stopfen.

2. Sprecher(in):
Ich setze mein Vertrauen auf dich, meinen Gott,
denn du bist ein Retter aus der Sünde,
die mich gefangen nimmt und mir über den Kopf wächst.
Wende deine Barmherzigkeit nicht von mir
und behüte mich mit deiner Güte und Treue.
Komm, mich zu erretten und eile, mir zu helfen.

LIEDRUF Laudate omnes gentes (EG 181.6)

KYRIE

Manchmal, Gott, fällt es uns schwer, an dir festzuhalten,
unsere Hoffnung zu bewahren und sie weiterzugeben.
Manchmal, Gott, sind wir überwältigt, von den Bildern, die wir sehen:
Kinder, die ihre Nahrung im Müll suchen müssen,
Männer, die sich aufhetzen lassen
und Tod und Elend über ihre Dörfer und Städte bringen.
Manchmal, Gott, ertragen wir es nur, weil wir lernten,
die Augen zu verschließen, wegzuschauen, wenn deine Kinder leiden.
Lass uns trotzdem bei dir bleiben.
Lass uns trotzdem die Hoffnung festhalten.
Lass uns trotzdem deine Liebe verschenken.
Erbarme dich.

LIEDRUF Kyrie eleison (EG 178.9)

Gloria

„Fürchte dich nicht, denn ich bin mit dir.
Weiche nicht, denn ich bin dein Gott!
Ich stärke dich, ich helfe dir auch. Ich halte dich!"
Wir können aufatmen:
Gott bleibt verlässlich bei uns.
Gott traut uns viel zu.
Wir dürfen uns an seine Verheißungen halten.
Darum singen wir sein Lob.

Liedruf Gloria, Gloria (EG 566)

Tagesgebet

Gütiger Gott, aus deiner Kraft kommt unser Leben.
Die Fülle deiner Gaben macht uns reich.
Wir können tun, was richtig ist und so leben,
wie du es uns gezeigt hast.
Wir aber suchen nach Schätzen,
die uns das Leben leichter machen
und uns scheinbar Sicherheit geben.
Dabei verlieren wir dich immer wieder aus den Augen.
Darum bitten wir dich: Hilf uns immer wieder aufs Neue,
unser Suchen und Handeln an deinem Willen auszurichten.
Und führe unsere Suche nach Sinn und nach Zukunft
in deinem Reich ans Ziel.

1. Lesung (Jer 1,4–10)

Und des Herrn Wort geschah zu mir: Ich kannte dich, ehe ich dich im Mutterleibe bereitete, und sonderte dich aus, ehe du von deiner Mutter geboren wurdest, und bestellte dich zum Propheten für die Völker.

Ich aber sprach: Ach, Herr, ich tauge nicht zu predigen; denn ich bin zu jung.

Da sprach der Herr zu mir: Sage nicht: „Ich bin zu jung", sondern du sollst gehen, wohin ich dich sende, und predigen alles, was ich dir gebiete. Fürchte dich nicht vor ihnen; denn ich bin bei dir und will dich erretten, spricht der Herr. Und der Herr streckte seine Hand aus und rührte meinen Mund an und sprach zu mir: Siehe, ich lege meine Worte in deinen Mund. Siehe, ich setze dich heute über Völker und Königreiche, dass du ausreißen und einreißen, zerstören und verderben sollst und bauen und pflanzen.

2. Lesung[13]

In jenem Herbst vor Jacks Einschulung in St. Hilda war seine Mutter voller Überraschungen. [So] verkündete sie, sie werde in Nordeuropa nach Jacks verschwundenem Vater suchen. Sie kenne die Hafenstädte an der Nord- und Ostsee, in denen er sich höchstwahrscheinlich vor ihnen versteckte; gemeinsam würden sie ihn aufspüren und mit seiner Pflicht und Schuldigkeit konfrontieren. Jack hatte öfter gehört, dass seine Mutter sie beide als „Pflicht und Schuldigkeit" seines Vaters bezeichnet hatte. Aber selbst im Alter von vier Jahren war er überzeugt, dass sein Vater für immer fortgegangen war – und zwar schon vor seiner Geburt.

Überraschend aber war, was seine Mutter sagte, nachdem sie verkündet hatte, sie würden demnächst nach Europa reisen: „Falls wir nächstes Jahr um diese Zeit – also wenn du in die Schule kommst – deinen Vater nicht gefunden haben, vergessen wir ihn einfach und leben ohne ihn weiter."

Das war ein großer Schock, weil die Tatsache, dass sein Vater fort – nein, schlimmer: „geflüchtet" – war, tief in Jacks Bewusstsein verankert war und er und seine Mutter schon immer recht intensiv nach ihm gesucht hatten. Jack hatte angenommen, dass sich daran nichts ändern würde. Der Gedanke, sie könnten ihn tatsächlich „einfach vergessen", erschien dem Jungen weit seltsamer als die geplante Reise nach Nordeuropa.

Glaubensbekenntnis

Lied Ich weiß, mein Gott, dass all mein Tun (EG 497,1–4)

Predigt

„Until I Find You – Bis ich dich finde" so lautet der Titel eines John-Irving-Romans. Er handelt vordergründig von der Suche nach dem verschwundenen Vater, aber es geht darüber hinaus um die Suche nach der eigenen Identität, um die Frage nach der Wahrheit der zurückliegenden Erinnerung.

13 Auszug aus John Irving: Bis ich dich finde, 14. 17f.

Der Hollywood-Schauspieler Jack Burns muss ohne seinen Vater aufwachsen. Doch das Bild, das er von ihm vermittelt bekommt, prägt ihn stark. Nach dem Tod seiner Mutter entschließt sich Jack, nach dem Vater zu suchen, einem hochbegabten Organisten. Auf seiner Suche fliegt er nach Europa und besucht verschiedene Wirkungsstätten des Vaters. Allmählich gewinnt Jack ein neues Bild von ihm, aber finden kann oder will er ihn noch nicht.

Am Ende kommt es dann aber doch zu einer Begegnung, aber nicht, weil Jack seinen Vater aktiv gesucht hätte. Es ist eher so, dass er selbst gefunden und ihm der Weg zum Vater gewiesen wurde.

Vom Finden, ohne gesucht zu haben, handeln auch zwei Gleichnisse Jesu aus dem Matthäusevangelium (Mt 13,44–46):

> Das Himmelreich gleicht einem Schatz, verborgen im Acker, den ein Mensch fand und verbarg; und in seiner Freude ging er hin und verkaufte alles, was er hatte, und kaufte den Acker. Wiederum gleicht das Himmelreich einem Kaufmann, der gute Perlen suchte, und als er eine kostbare Perle fand, ging er hin und verkaufte alles, was er hatte, und kaufte sie.

Das Himmelreich, das Reich Gottes, vergleicht Jesus mit einem unerwarteten Fund, den zwei Männer machten, ohne danach zu suchen:

Da ist zunächst einmal der Tagelöhner, der auf überraschende Weise einen Schatz findet, während er auf einem Acker arbeitet. Der Schatz mag dort verborgen worden sein während eines Krieges, wie es in der Antike vielfach geschah. Inzwischen war er in Vergessenheit geraten. Niemand hatte mehr eine Ahnung, dass er im Boden des Ackers ruhte. Umso größer ist die Freude des Tagelöhners über den unerwarteten Fund. Kaum entdeckt er ihn und begreift, dass der Fund ein Schatz ist, legt er ihn wieder zurück in die Grube, deckt ihn mit Erde zu und sagt niemandem etwas. Nun macht er sich auf, als sei nichts geschehen. Zu Hause verkauft er alles, was er hat, um den Acker zu erwerben. Er tut dies in dem Wissen, dass der Schatz weit mehr wert ist als alles, was er verkaufen muss.

Ähnlich ergeht es auch einem reichen Perlenhändler, der – von Beruf und Sammelleidenschaft getrieben – immer wieder nach neuen Perlen Ausschau hält. Man mag sich vorstellen, wie er von Perlenfischer zu Perlenfischer zieht, um nach schönen Perlen Ausschau zu halten. Ganz unerwartet findet er dann aber eine kostbare Perle, deren Einzigartigkeit nur ein Sammler erahnen kann. Er weiß, dass ihr Wert den aller seiner in langen Jahren gesammelten Perlen übersteigt. Und so geht er in seiner Freude über den unerwarteten Fund hin, verkauft alles, was er hat, um dieser einen besonders kostbaren Perle willen.

Die beiden Gleichnisse Jesu können wir mit ganz unterschiedlichen Ohren hören. Ihr Sinn erschließt sich nicht auf Anhieb. Um ihren Sinn zu finden, müssen wir uns auf die Suche machen: Wer würde nicht auch gern einen Schatz finden oder eine kostbare Perle? Es ist doch ein Kindertraum, beim Graben in der Erde auf eine geheimnisvolle Kiste zu stoßen, in der etwas Wertvolles verborgen liegt. In der heutigen Zeit, in der viele Menschen mit immer weniger Geld auskommen müssen, wäre so ein Schatz für viele ein Traum. Endlich nicht mehr jeden Euro umdrehen zu müssen, sich mal was leisten können: den Urlaub, den Theater- oder Restaurantbesuch.

Aber auch im übertragenen Sinne gibt es eine Ursehnsucht des Menschen nach dem Finden eines Schatzes, eines Schatzes, der es wert ist, dass man alles daran setzen, alles aufgeben kann, um ihn nur zu bekommen. Wer möchte nicht den Menschen finden, der die Sehnsucht nach Liebe stillt? Wer möchte nicht den Lebenssinn entdecken, der der Suche nach gelingendem Leben ein Ende setzt?

Wir Menschen sind unser Leben lang auf der Suche nach solchen Schätzen, auf der Suche nach Liebe und Anerkennung, nach Geborgenheit und den Momenten des Glücks. Und auf dieser Suche werden wir bleiben, auch wenn wir bereits einen Schatz gefunden haben mögen, auch wenn wir glücklich sind, zufrieden mit unserem Leben, ausgesöhnt mit den Schatten der Vergangenheit. Diejenigen, die behaupten, nicht mehr auf der Suche zu sein, die gefunden zu haben meinen, was sie gesucht haben, klingen mir immer merkwürdig unaufrichtig. Sie möchten sein wie der Tagelöhner aus dem Gleichnis Jesu, aber sie verstecken den Schatz nicht, sondern preisen ihn überall an und haben ihn damit eigentlich schon verloren.

Wenn wir uns auf die Suche nach dem Sinn der beiden Gleichnisse machen, dann entdecken wir bald, dass beide Geschichten gar keine Suche beschreiben, sondern ein Finden. Der Tagelöhner hat sich nicht auf die Suche nach einem Schatz gemacht, auch wenn er ihn gut gebrauchen kann, weil er es ihm endlich ermöglicht, sein bescheidenes Leben zu verändern. Er findet den Schatz, gerade weil er ihn *nicht* sucht. Er trifft auf ihn ganz zufällig, während seiner alltäglichen Arbeit. Und nun lässt er sich von ihm finden. Der Schatz nimmt sein Herz und bald sein ganzes Leben gefangen, so sehr, dass die Frage gar nicht aufkommt, wem denn der Schatz eigentlich zustehen würde. Der Tagelöhner nimmt ihn sich ganz selbstverständlich. Der Schatz wird ihm zum Wichtigsten im Leben. „Woran du dein Herz hängst, das ist dein Gott“, sagt Martin Luther. Und das ist gut so, denn der Schatz symbolisiert in diesem Gleichnis das Reich Gottes.

Auch der reiche Händler findet seinen Schatz, die kostbare Perle, ganz überraschend. Vielleicht kann man auch von ihm sagen, dass nicht er die Perle, sondern die Perle ihn findet. Zwar ist er von Berufs wegen auf der Suche nach schönen Perlen. Aber er hatte nie damit gerechnet, dass er diese wunderbare und einzigartige Perle je in Händen halten würde, so wie ein Briefmarkensammler nicht damit rechnet, die „blaue Mauritius“ jemals zu entdecken. Und auch er ist bereit, alles zu tun, nur um die eine Perle zu besitzen. Beide Männer werden also nicht aufgrund ihrer Suche fündig, sondern entdecken mitten in ihrem Alltag etwas, das ihr Leben von einem Tag auf den anderen verändert.

Vielleicht ist es also besser, sich gar nicht auf die Suche nach dem Glück, nach dem Lebenssinn zu machen. Vielleicht stehen wir uns sogar damit eher selbst im Wege, auf der Suche nach dem, was unser Leben erfüllt. Der Tagelöhner und der Händler finden den Schatz ja ohne gesucht zu haben, während sie ihrer alltäglichen Arbeit nachgehen. Vielleicht liegt unser Schatz ja auch vor unseren Füßen, näher als wir denken. Vielleicht haben wir ihn ja auch schon längst, ohne es zu merken, ohne ihn recht zu schätzen. Wie können denn diese Schätze aussehen, die wir so leicht übersehen? Wenn wir es recht bedenken, kann die Familie ein Schatz sein, die Kinder oder Enkel, die Liebe, die wir empfangen, der Beruf, ein Hobby, das ehrenamtliche Engagement. Sind wir nicht alle irgendwie beschenkt? Haben wir nicht auch unsere Schätze? Wenn wir einen Moment innehalten, dann werden sie uns bewusst.

Zum Schatz aber kann nur etwas werden, wenn ich dafür meine Zeit opfere, wenn ich mein Herz dafür verschenke und mich kümmere. Sowohl der Tagelöhne als auch der Händler geben alles daran, um den Schatz und die Perle zu erlangen. Sie lassen sich ihren Schatz etwas kosten. Dahinter steht das Geheimnis, dass für mich alles seinen Wert erhält, indem ich mich selbst hineingebe. Die Menschen, mit denen ich Zeit verbringe, für die ich mich einsetze, denen ich ein Stück meines Herzens schenke, die sind für mich wichtig und wertvoll. Sie beginnen, sich für mich herauszuheben unter den zahllosen anderen Menschen. Die Gemeinde, zu der ich mich halte, in der ich einen Teil meiner Zeit verbringe, wird zu meiner Gemeinde und bekommt so für mich ihren Wert. Das Kirchengebäude, in dem ich regelmäßig bin, wird mir wichtig, weil ich hier zur Gemeinschaft beigetragen habe, weil ich darin gebetet habe, mich unter den Segen Gottes gestellt habe.

Aber wir dürfen nicht vergessen: Den Schatz können wir uns nicht erarbeiten, er bleibt immer ein Geschenk, ein unerwartetes Glück. Im Matthäusevangelium erzählt Jesus die beiden Gleichnisse vom Finden des Schatzes und der Perle, um seinen Jüngern das Reich Gottes zu verkündigen. Und das ist ein guter Hinweis für unsere Suche nach dem Sinn der beiden Gleichnisse. Es geht beim Finden des Schatzes um mehr als unsere Sehnsucht nach dem persönlichen Glück, nach Liebe und Anerkennung, nach dem Ort, an den ich gehöre. Es geht um das Reich Gottes, um den Glauben an Gott. Jesus will seinen Jüngern und damit auch uns die Augen dafür öffnen, dass wir in unserem Glauben einen wahren Schatz haben. Er will uns zeigen, wie beglückend es ist, das Reich Gottes zu finden. Die Freude des Tagelöhners über den unerwarteten Schatz soll auch uns ergreifen, die wir von Gott ohne unser eigenes Zutun mit dem Glauben beschenkt wurden, ohne ihn gesucht zu haben. Lassen Sie uns die Freude des Tagelöhners oder des Händlers zu Eigen machen! Lassen Sie uns die Freude über den Schatz des Glaubens leben, der es wert ist, alles dafür zu geben!

Denn nicht jeder findet den Schatz des Glaubens. Manchem bleibt er verwehrt. Und auch für den, der ihn gefunden hat, bleibt er auf geheimnisvolle Weise unverfügbar. Der Glaube nimmt von Zeit zu Zeit ab und dann wieder zu. Er füllt unsere Herzen aus und dann ist er uns irgendwie fremd. Mal können wir in den Worten der Bibel, in einem Gottesdienst Gottes Wort hören und dann bleiben die Worte, die Lieder leer.

In dem eingangs erwähnten Roman von John Irving geht es am Rande auch um das Finden des Schatzes, um das Finden des Glaubens. Der gesuchte Vater spielt leidenschaftlich Orgel, weil er damit den Glauben wecken will. Er weiß, dass das nicht bei allen gelingt, aber bei denen, die in der Orgelmusik den „Lärm des Herrn" hören, wie er das nennt. So wird es jedenfalls seinem Sohn erklärt, als der nach seinem Vater sucht.

„Den Lärm unseres Herrn?" fragte Jack.

„So hat William es genannt. Für ihn war man im Herzen gläubig, wenn man in der Orgel den Lärm des Herrn hört."

Das Himmelreich gleicht einem Schatz, verborgen im Acker, den ein Mensch fand und verbarg. Und in seiner Freude ging er hin und verkaufte alles, was er hatte, und kaufte den Acker.

LIED Such, wer da will, ein ander Ziel (EG 346,1–4)

LESUNG[14]

Caroline Wurtz' Anruf, der ihn eines frühen Augustmorgens weckte, hatte nichts Unaufrichtiges. „Du hörst dich grässlich an", sagte Miss Wurtz. „Tu ja nicht so, als hätte ich dich nicht geweckt. Aber ich habe Neuigkeiten, die das Aufstehen lohnen, Jack."

„Sie haben von ihm gehört?" fragte Jack, mit einemmal hellwach.

„Nicht von ihm, sondern über ihn. Du hast eine Schwester, Jack!"

Falls sein Vater wieder geheiratet hatte – und das hatte er offenbar –, war es biologisch gesehen vorstellbar, dass Jack eine Halbschwester hatte, und das war in der Tat sowohl für ihn als auch für Miss Wurtz eine Neuigkeit.

Sie hieß Heather Burns, war Lehrbeauftragte für Musikwissenschaften an der Universität of Edinburgh.

„Mein Vater ist wieder in Edinburgh?" fragte er die Wurtz.

„William geht es nicht gut, Jack. Er ist in einem Sanatorium. Er hatte wieder in St. Paul's Orgel gespielt und in Edinburgh unterrichtet, aber er hat Arthrose in den Händen. Das hat seinem Orgelspiel ein Ende gemacht, zumindest als Beruf.

„Sie haben einen besonderen Besucher, William", sagte Dr. Berger.

Williams Gesicht erstarrte. Er las nicht mehr, wollte aber auch nicht von seinem Buch aufblicken.

„Ihr Sohn Jack ist den ganzen Weg gekommen, um mit Ihnen essen zu gehen!" rief Professor Ritter.

William klappte das Buch zu und schloss die Augen. Es war, als könnte er seinen Sohn mit geschlossenen Augen besser sehen oder ihn sich besser vorstellen. Jack konnte ihn nicht so ansehen. Er betrachtete statt dessen die Fotos an der nächstgelegenen Pinnwand und wartete darauf, dass sein Vater die Augen aufschlug oder etwas sagte.

„Wir lassen Sie beide jetzt allein", sagte Professor Ritter widerstrebend.

14 John Irving: Bis ich dich finde, 991f. 1079f. 1085.

Jack hatte damit gerechnet, Fotos von sich selbst zu sehen, hauptsächlich solche, die aus Filmzeitschriften ausgeschnitten waren: sämtliche Filmpremieren, der ganze Galaempfangskram und die Oscarverleihung. Nicht aber die persönlichen Schnappschüsse, von denen es viele gab.

„Ich hatte schon Angst, du hättest mich vergessen", sagte sein Vater. Mit einer schwächlichen Handbewegung wies Jack auf all die Fotos. „Ich hatte Angst, du hättest *mich* vergessen!" stieß er hervor.

„Mein lieber Junge", sagte sein Vater. Er klopfte mit der Hand auf das Bett, und Jack setzte sich neben ihn.

„Manche Menschen lernt man zur falschen Zeit kennen, nicht wahr?" fragte sein Vater. „Deine Mutter habe ich zur falschen Zeit kennengelernt – zur falschen Zeit für sie und zur falschen Zeit für mich, wie sich herausstellte."

„Sie hatte kein Recht, dich von mir fernzuhalten!" sagte Jack zornig.

„Sei nicht so amerikanisch!" sagte sein Vater. „Ihr Amerikaner glaubt immer, ihr hättet so viele Rechte! Ich habe eine junge Frau kennengelernt und ihr gesagt, ich würde sie ewig lieben, aber das habe ich nicht getan. Ich habe sie noch nicht einmal besonders lange geliebt. Um ehrlich zu sein, habe ich es mir ganz schnell anders überlegt – aber da hatte ich ihr Leben schon verändert! Welche Rechte darf man sich denn noch herausnehmen, wenn man das Leben eines Menschen verändert? Hatte deine Mutter etwa nicht das Recht wütend zu sein?"

MUSIK

FÜRBITTENGEBET

1. Sprecher(in):
Wir danken dir, Gott, für deine Gaben,
die wir von dir empfangen haben.
Du stellst einen jeden an seinen Platz,
mitzuschaffen in deiner Schöpfung,
mitzubauen am Haus,
in dem alle Menschen ihren Platz finden sollen.

2. Sprecher(in):
Wir bitten dich für alle,
die ihren Ort noch nicht gefunden haben in dieser Welt,

die sich nicht gebraucht fühlen.
Lass sie eine Arbeit und ihre Lebensaufgabe finden.
Lass sie an den Widerständen reifen,
die sich ihnen in den Weg stellen.
Gib ihnen Menschen, die ihnen mit Rat und Tat zur Seite stehen,
die ihnen zu Vorbildern werden,
die ihnen Mut machen und neue Wege weisen.

1. Sprecher(in):
Wir danken dir, Gott, für deine Gabe, die Ruhe,
für Feierabend und Feiertag, für Urlaub und Lebensabend.
Nicht Hetze, nicht Faulheit will dir gefallen,
Arbeit und Freizeit misst du uns zu nach ihrem Maß
und segnest unser Tun und Lassen.

2. Sprecher(in):
Für alle, die auf den Lebensabend zugehen, bitten wir:
Lass sie erkennen, dass der Sinn des Lebens nicht allein in der Arbeit liegt.
Gib ihnen offene Augen für neue Gelegenheiten
und die Kraft, brach liegende Fähigkeiten zu entdecken.
Schenke ihnen Weisheit, dass sie ihre Grenzen annehmen
und Dankbarkeit für das im Leben Erreichte.

1. Sprecher(in):
Wir danken dir, Gott, für deine Gabe, den Frieden.
Du schaffst, dass wir sicher wohnen,
dass einer den anderen leben lässt und ihm zum Leben hilft.
Du willst nicht Kampf und Streit,
sondern Freundlichkeit und Frieden.

2. Sprecher(in):
Wir bitten dich um Frieden für uns und alle Menschen:
Lass Frieden einziehen zwischen den Völkern und Staaten,
in deiner Schöpfung, zwischen Mensch und Tier.
Vor allem aber gib uns den Frieden,
der alles Begreifen, Denken und Hoffen übersteigt.
Gib uns den Frieden, der du selbst bist.

STILLE

Vater unser

Lied Wohlauf, mein Herze, sing und spring (EG 324,13–14)

Segen

Musik

9 Ohne Blick auf die Uhr

Abendgottesdienst für alle, die zur Ruhe kommen wollen; mit Texten aus Hektors Suche nach der Zeit

Musik

Begrüssung

Im Namen des Vaters,
der uns geschaffen hat.
Im Namen des Sohnes,
der uns von dem Druck befreit,
immer noch mehr leisten zu müssen.
Und im Namen des Heiligen Geistes,
in dem unser Herz zur Ruhe findet.

Ich begrüße Sie herzlich zum heutigen Abendgottesdienst mit dem Thema „Ohne Blick auf die Uhr".
Ohne Blick auf die Uhr – ohne die innere Stimme, die mich Tag für Tag antreibt,
nach einem solchen Leben sehne ich mich.
Einfach da sein, ohne Hetze,
in Ruhe einatmen und ausatmen,
ankommen und das lassen,
was mir noch durch den Sinn gehen will.
Ohne Blick auf die Uhr,
bedeutet, die falsche Sorge zu lassen:
„Sorge dich nicht um das,
was kommen wird,
weine nicht um das, was vergeht:
aber sorge dich,
dich selbst zu verlieren
und weine,
wenn du dahin treibst,
im Strome der Zeit,
ohne den Himmel in dir zu tragen"

(Friedrich Daniel Schleiermacher).

LIED Du Schöpfer aller Wesen (EG 485)

LESUNG „Die Uhr im Bauch“[15]

„Ich habe immer das Gefühl, mir würde eine Uhr im Bauch stecken“, sagte Sabine. „Morgens muss ich alles vorbereiten, dann rechtzeitig loskommen, um die Kleine zur Schule zu bringen, danach flitze ich ins Büro, und es gibt Sitzungen, zu denen man pünktlich erscheinen muss, während sich die restliche Arbeit immer mehr anhäuft, und auch abends muss ich mich beeilen, das Kind abholen oder pünktlich dasein, wenn das Kindermädchen Schluss hat, und dann ist das Abendessen zuzubereiten, und die Hausaufgaben sind durchzusehen, und dabei gehöre ich ja noch zu den Glücklichen, denn mein Mann hilft mir. Spät am Abend haben wir gerade noch ein paar Augenblicke Zeit, miteinander zu reden, und dann schlafen wir sofort ein, weil wir so erledigt sind.“

Hector wusste das alles, und vielleicht war dies auch ein wenig der Grund gewesen, weshalb er eine Menge Zeit damit verbracht hatte, darüber nachzudenken, ob man es nicht in Erwägung ziehen könnte, es sich vielleicht einmal zu überlegen, ob man sich dafür entscheiden sollte, allen Ernstes daran zu denken, sich zu verheiraten und Babys in die Welt zu setzen.

„Ich wünsche mir, die Zeit würde langsamer verrinnen“, sagte Sabine. „Ich möchte Zeit haben, das Leben auszukosten. Zeit für mich selbst, um all das machen zu können, was mir vorschwebt.“

„Und wie ist es im Urlaub?“ fragte Hector.

Sabine lächelte.

„Sie haben keine Kinder, nicht wahr?“

Hector gab zu, dass er tatsächlich kinderlos war, vorläufig jedenfalls.

„Ich glaube, letzten Endes komme ich auch deshalb in Ihre Praxis“, sagte Sabine. „Diese Konsultation ist der einzige Augenblick, an dem der Zeiger für mich stillsteht und die Zeit voll und ganz mir gehört.“

Hector verstand Sabine gut, um so mehr, als auch er während des Arbeitstages oft den Eindruck hatte, eine Uhr im Bauch zu tragen – und all seinen Kollegen erging es ebenso.

15 Francois Lelord: Hector und die Entdeckung der Zeit, 10f.

Wenn Sie Psychiater sind, müssen Sie immerzu auf die Zeit achten, denn wenn Sie einen Patienten zu lange reden lassen, sitzt im Wartezimmer schon der nächste und wird ungeduldig, und dann geraten Sie mit allen restlichen Terminen in Verzug.

LIED „Meine Zeit steht in deinen Händen“[16]

KYRIE

Ich möchte meine innere Unruhe zur Seite legen,
ohne den dauernden Blick auf die Uhr auskommen.
Doch meine Uhr im Bauch tickt unaufhörlich,
treibt mich immer neu zur Eile an.

Ich spüre die Sehnsucht in mir,
anhalten zu können, dem ständigen Treiben zu entfliehen.
Doch schneller und schneller dreht sich mein Leben im Kreis
und entreißt mich immer wieder der Gegenwart.

Ich will mich im Augenblick spüren,
will mir Zeit nehmen für das, was zählt.
Darum komme ich zu dir, Herr,
und bitte dich um Erbarmen:
Mach mich ruhig, erlöse mich von der inneren Unruhe,
mach mich frei vom Diktat der Uhr!

LIEDRUF Kyrie eleison (EG 178.12)

GLORIA

Weil du mich liebst und annimmst wie ich bin,
brauche ich keine Uhr im Bauch,
die mich schneller und schneller hetzt.

Weil du mich liebst und annimmst wie ich bin,
brauche ich keinen vollen Terminkalender,
keine Uhr, die mich antreibt.

Ich darf im Heute leben,
den Augenblick ausdehnen,
der Zeit nachspüren.

16 Das Liederbuch, 424.

Ich darf den Feierabend genießen,
die Ruhe in mir fühlen,
mich an der Zeit der Muße erfreuen.

Darum lobe ich dich, Gott,
und preise deinen Namen:
Laudate omnes gentes.

LIEDRUF Laudate omnes gentes (EG 181.6)

GEBET

Dank sei dir, du Schöpfer allen Lebens,
du hältst Zeit für uns bereit,
du gibst uns die Luft zum Ein- und Ausatmen,
du schenkst uns den Rhythmus des Lebens:
Tag und Nacht, Arbeit und Ruhe,
Anspannung und Gelassenheit.

Komm du nun zu uns in dieser Stunde,
und lass uns zur Ruhe kommen.
Mache uns innerlich still,
damit wir deine Stimme hören
und auf dein Wort achten.

SCHRIFTLESUNG Lk 14,16–23

Es war ein Mensch, der machte ein großes Abendmahl und lud viele dazu ein. Und er sandte seinen Knecht aus zur Stunde des Abendmahls, den Geladenen zu sagen: Kommt, denn es ist alles bereit!

Und sie fingen an alle nacheinander, sich zu entschuldigen. Der erste sprach zu ihm: Ich habe einen Acker gekauft und muss hinausgehen und ihn besehen; ich bitte dich, entschuldige mich. Und der zweite sprach: Ich habe fünf Gespanne Ochsen gekauft, und ich gehe jetzt hin, sie zu besehen; ich bitte dich, entschuldige mich. Und der dritte sprach: Ich habe eine Frau genommen; darum kann ich nicht kommen.

Und der Knecht kam zurück und sagte das seinem Herrn. Da wurde der Hausherr zornig und sprach zu seinem Knecht: Geh schnell hinaus auf die Straßen und Gassen der Stadt und führe die Armen, Verkrüppelten, Blinden und Lahmen herein.

Und der Knecht sprach: Herr, es ist geschehen, was du befohlen hast; es ist aber noch Raum da. Und der Herr sprach zu dem Knecht: Geh hinaus auf die Landstraßen und an die Zäune und nötige sie hereinzukommen, dass mein Haus voll werde.

Stille

Ansprache

Ein Mensch plant ein Fest. Er hat etwas zu feiern und will seine Freude teilen mit seinen Nachbarn und Freunden, mit Verwandten und Bekannten. Lange vor dem geplanten Fest beginnt der Gastgeber mit den Vorbereitungen: Er schreibt einen Namen nach dem anderen auf die Einladungsliste und freut sich in Gedanken schon auf so manche Begegnung. Natürlich lädt er Menschen ein, die ihn interessieren. Als nächstes mietet er sich einen Saal, der groß genug ist für die vielen Gäste, für Begegnung und Tanz. Er arrangiert Musiker, kauft Brot und Wein, Speisen und Getränke. Als der Festtag näherkommt, lässt er den Saal schmücken und das Essen bereiten. Schließlich ist alles fertig. Nun kann ein rauschendes Fest beginnen, voller Leben und Freude.

Ein Fest voller Begegnungen, aber auch des Genusses. Ein Fest mit ausgelassener Musik und fröhlichem Tanz.

Der Gastgeber freut sich schon auf den Abend. Jetzt kann, jetzt soll das Fest beginnen. Nur die Leute fehlen, die eingeladenen Gäste. Haben sie sich verspätet? Voll Ungeduld sendet er seinen Knecht zu denen, die eingeladen sind. Doch die Gäste haben sich gar nicht vorbereitet auf das große Fest. Keinen trifft der Knecht an in einem festlichen Gewand.

Der Erste ist noch mitten bei der Arbeit. Er ist schon auf dem Sprung, muss noch schnell etwas erledigen. „Ach, das Fest ist heute? Das habe ich ja ganz vergessen vor lauter Arbeit!" Der Mann ist gehetzt von seiner Uhr im Bauch, er hat noch so viel zu tun, muss noch den Acker besehen, den er gerade gekauft hat. An ein Fest ist gar nicht zu denken. Dazu hat er jetzt keine Zeit und am späteren Abend ist er sicher zu müde, um feiern zu können.

Auch der zweite Gast ist noch mitten bei der Arbeit. Er war auf einer Auktion gewesen und hat fünf Gespanne Ochsen gekauft. Die muss er sich ansehen und abholen. Auch er hat zum Feiern keine Zeit. Er hat einfach zu viel zu tun. „Ich hätte keine Ruhe, könnte das Fest gar nicht genießen", sagt er.

Der dritte Gast hat auch keine Zeit: „Ich habe geheiratet und muss nun noch so viel erledigen: Das Haus muss eingerichtet werden, der Garten versorgt. Ich muss noch dies und das besorgen. Zum Feiern bleibt mir keine Zeit."

Immer wieder hört der Knecht des Gastgebers ähnliche Ausreden: „Ich habe keine Zeit! Ich kann nicht." „Mir ist leider etwas dazwischen gekommen". Alle sind zu beschäftigt, um auf das Fest zu gehen. Sie meinen, ihre Zeit besser anlegen zu können und effektiver auskosten zu müssen. Und dabei rinnt ihnen die Zeit zwischen den Händen davon. Sie sind Getriebene ihrer inwendigen Uhr. Ihnen wird die Zeit knapp, so knapp, dass sie keine Zeit mehr haben für den erfüllten Augenblick, für den Feierabend, für Musik und Tanz, für den Moment der Muße.

Immer wieder hört der Knecht, wie die Gäste sagen: Ich habe keine Zeit, ich muss noch etwas tun. Ich kann nicht kommen. Wir kennen diese Sätze aus unserem eigenen Leben und haben sie sicher auch schon oft gesagt: „Ich habe keine Zeit. Ich muss, ich kann nicht." Sie zeigen, wie arm wir in Wirklichkeit sind.

Die Gäste, lauter angesehene Bürger, sind die eigentlich Armen in unserem Gleichnis. Sie sind arm an Zeit, sie sind Knechte ihrer vielen Arbeit. Sie müssen, müssen und müssen. Sie sind Sklaven und nicht mehr Herren ihrer eigenen Lebenszeit. Sie kommen gar nicht mehr dazu, sich zu fragen, was sie selbst wollen.

Enttäuscht von den vielen Absagen, lässt der Gastgeber die einladen, die er nicht im Blick hatte, als er das Fest plante. Und so kommen die, die Zeit haben: die Armen, die Arbeitslosen, die die weit entfernt wohnen an den Hecken und Zäunen. Und sie haben Zeit, sie sind nicht gehetzt durch den Blick auf die Uhr. Für sie ist das Fest nicht lediglich ein weiterer Termin in einem überfüllten Kalender. Sie können sich auf das Fest einlassen, sich daran freuen. Endlich haben viele von ihnen mal wieder satt zu essen. Die Feier ist für sie ein Höhepunkt nicht nur des Tages, sondern der ganzen Woche, vielleicht gar des ganzen Jahres.

Das Gleichnis vom großen Abendmahl hält uns einen Spiegel vor Augen. Auch wir setzen oft die Prioritäten falsch im Umgang mit unserer Zeit. Wir drehen uns immer schneller im Kreis, um der Zeit Herr zu werden. Und in Wirklichkeit verlieren wir uns durch den ständigen Blick auf die Uhr. Für die so notwendigen und heilsamen Unterbrechungen des Alltags haben wir oft kaum noch Zeit. Und dabei sind diese Zeiten der Unterbrechung doch die eigentlich wertvollen Zeiten eines Lebens. Zeiten, in denen wir uns der sich immer schneller drehenden Spirale des Alltags entziehen. Zeiten, in denen wir etwas zweckfrei tun, in denen wir unsere Lebenszeit genießen, in denen wir zu uns selbst kommen und den Himmel in uns spüren.

Solche heilsamen Unterbrechungen brauchen wir im Alltag. Gut, dass es den Sonntag gibt, die Unterbrechung der langen Kette von Werktagen. Aber wir brauchen nicht nur einmal in der Woche, sondern an jedem Tag Momente der Ruhe, Sabbaterfahrungen, an denen sich der Schalom Gottes ausbreiten darf und uns zur Ruhe führt: Minuten der Stille am Morgen und am Abend. Pausen zwischen den Zeiten der Arbeit, die nicht noch gefüllt sind mit diesem und jenem. Es kann gut tun, die Wartezeiten eines Tages zu füllen und zu genießen. Bewusst ein- und auszuatmen, die Luft zu spüren, wie sie meinen Körper füllt und dann wieder verlässt. Ein Gebet, mitten am Tage, ist eine solche heilsame Unterbrechung: Das Gelingen meines Tuns liegt nicht allein in meiner Hand, wie sehr ich mich auch anstrenge und abhetze.

Heilsame Unterbrechungen – wir wollen nachspüren, wie gut solche stillen Augenblicke tun, aber auch wie schwer sie uns fallen können. Wir tun dies, indem wir uns Zeit nehmen für eine Stille, in die hinein ich Worte des alttestamentlichen Predigers spreche (Prediger 3,1–8.11):

> Alles hat seine Zeit, und alles Vorhaben
> unter dem Himmel hat seine Stunde:

STILLE

> geboren werden hat seine Zeit
> und sterben hat seine Zeit;

STILLE

> pflanzen hat seine Zeit und ausreißen,
> was gepflanzt ist, hat seine Zeit;

STILLE

> töten und heilen;
> abbrechen und bauen.

STILLE

> Weinen hat seine Zeit
> und lachen hat seine Zeit;

STILLE

klagen hat seine Zeit
und tanzen hat seine Zeit;

STILLE

Steine wegwerfen
und Steine sammeln;

STILLE

umarmen und loslassen.

STILLE

Suchen hat seine Zeit
und verlieren hat seine Zeit;

STILLE

behalten und wegwerfen;
zerreißen und nähen.

STILLE

Schweigen hat seine Zeit
und reden hat seine Zeit;

STILLE

lieben und hassen;
Streit und Friede.

STILLE

Gott hat alle Dinge wohl geordnet
zu ihrer Zeit,

STILLE

auch hat er die Ewigkeit in das Herz der Menschen gelegt.
Nur dass der Mensch nicht ergründen kann das Werk,
das Gott tut, weder Anfang noch Ende.

LIED Du hast zu deinem Abendmahl als Gäste uns geladen
(EG 224)

LOBGEBET

Gepriesen seist du, unser Gott, du Kraft des Lebens.
Du schenkst uns dieses Brot,
die Frucht der Erde und der menschlichen Arbeit.
Lass es zum Brot des Lebens werden.

Du schenkst uns diesen Wein,
die Frucht des Weinstocks und der menschlichen Arbeit.
Lass ihn zum Kelch des Heils werden.

Sammlungsgebet

Wie die Körner von den Feldern und die Beeren von den Weinbergen jetzt auf diesem Tisch vereint sind in Brot und Wein, so lass dein Volk bald versammelt werden von den Enden der Erde in deinem Reich.

Einsetzungsworte

Vater unser

Agnus dei (EG 190.2)

Friedensgruss

Wandelkommunion

Dankgebet

Meine Seele ist still und ruhig geworden
an deinem Tisch, du Vater allen Lebens.
Wie ein zur Ruhe gekommenes Kind,
so ist meine Seele nun in dir.
Dass mich diese Ruhe begleitet,
in die Nacht, in den neuen Tag,
in die kommende Woche,
darum bitte ich dich, du Vater allen Lebens.
Dass diese Ruhe auch in der Welt einkehre,
die voll Unruhe ist
und aus dem Gleichgewicht gerät
durch Terror und Krieg,
darum bitte ich dich, du Vater allen Lebens.

Kanon Ruhet von des Tages Müh (EG 492)

Segen

Musik

10 „Tut Buße, denn das Himmelreich ist nahe“

Gottesdienst zum Buß- und Bettag mit Texten von Henning Mankell

MUSIK

LIED Komm, o komm, du Geist des Lebens (EG 134,1–2.8)

BEGRÜSSUNG

„Gerechtigkeit erhöht ein Volk; aber die Sünde ist der Leute Verderben.“

Mit diesem Tagesspruch aus Sprüche 14 begrüße ich Sie herzlich zum heutigen Gottesdienst am Buß- und Bettag. An einem solchen Tag blicken wir zurück auf das, was uns unter den Händen zerronnen ist, was nicht gelungen ist, wo wir Fehler begangen, einen Menschen verletzt haben. In der Sprache der Bibel blicken wir auf unsere Schuld, die wir begangen haben. Wir tun dies in der Hoffnung, dass Gott uns diese Schuld vergibt, wenn wir sie aufrichtig bereuen.

Vielleicht hilft es uns, diesen alten Begriff der Schuld oder der Sünde besser zu verstehen, wenn wir ihn in Beziehung setzen mit der zeitgenössischen Literatur. Darum greifen wir heute auf einen Roman von Henning Mankell zurück, der von Schuld und Verletzung handelt, aber auch von Vergebung und einem Neubeginn.

LIED Erneure mich, o ewigs Licht (EG 390)

PSALM 38

Meine Sünde quält mich Tag und Nacht.
Sie lastet auf meinen Schultern,
ohne dass ich sie tragen könnte.
Ich suche nach deiner Hilfe, Gott, ohne sie zu finden.
Mir ist, als ob du mein Tun im Zorn vergiltst,
als ob du mich in deinem Groll züchtigst.

Meine Seele und mein Leib sind krank,
mir ist, als ob deine Pfeile in mir steckten
und mich deine Hand zu Boden drückte.
Du weißt um meinen Wunsch um Vergebung,
und mein Sehnen nach deiner Gnade ist dir nicht verborgen.
Mein Herz ist gefangen und meine Kraft dahin.
Was ich vor Augen sehe, erfreut mich nicht.
Ich fühle mich einsam und ungeliebt,
selbst meine liebsten Menschen, ziehen sich vor mir zurück.
Ich bin taub gegen jedes gute Wort
und meine Lippen sind verstummt.
So harre ich auf dich, Gott,
nur du hörst auf die Stimme meines Herzens.
Du weißt, dass ich versucht bin,
mich von meinem Unvermögen gefangen nehmen zu lassen.
Deshalb bekenne ich dir meine Fehltritte
und sage dir meine Sünde.
Verlass mich nicht, das bitte ich,
und entziehe dich nicht meinem Rufen.
Komm eilend zu mir in meiner Not
und sei du meine Hilfe.

LIEDRUF Christe, du Lamm Gottes (EG 190.2)

GEBET

Lasst uns beten: Himmlischer Vater, wir kommen zu dir,
wie wir sind, mit unseren Verletzungen,
mit unseren Fehlern und Schwächen.
Manchen unter uns mag eine Last auf dem Herzen liegen:
das Bewusstsein begangener Schuld,
das Wissen um Versäumtes,
um die Begrenztheit des Lebens.
Wir sehnen uns danach,
dass du von unseren Schultern nimmst,
was uns niederdrückt und belastet.
Und so bitten wir dich:
Sei du unter uns in dieser Stunde mit deinem Geist,
damit wir frei werden, dir und dem Nächsten zu dienen.

LESUNG AUS DEM ALTEN TESTAMENT (aus Ex 20)

Ich bin der Herr, dein Gott.
Du sollst nicht andere Götter haben neben mir.

Du sollst den Namen des Herrn, deines Gottes, nicht unnütz gebrauchen;
denn der Herr wird den nicht ungestraft lassen, der seinen Namen missbraucht.
Du sollst den Feiertag heiligen.
Du sollst deinen Vater und deine Mutter ehren,
auf dass es dir wohl gehe und du lange lebest auf Erden.
Du sollst nicht töten.
Du sollst nicht ehebrechen.
Du sollst nicht stehlen.
Du sollst nicht falsch Zeugnis reden wider deinen Nächsten.
Du sollst nicht begehren deines Nächsten Haus.
Du sollst nicht begehren deines Nächsten Weib, Knecht, Magd, Vieh
noch alles, was sein ist.

LIED Meine engen Grenzen (EG 584)

PREDIGT

„Tut Buße, denn das Himmelreich ist nahe herbeigekommen" (Mt 4,17). Diese Worte Jesu rufen uns am heutigen Bußtag dazu auf, im Horizont der Ewigkeit ehrlich zu sein zu uns selbst und vor Gott. Denn nichts anderes bedeutet es, Buße zu tun: Unsere Fehler ehrlich anzuerkennen, zu ihnen zu stehen und manches wieder gut zu machen, was wir anderen angetan haben. Wir sind nun einmal Menschen, die Fehler machen und sündigen, wie es in der Bibel heißt. Wir handeln oft anders, als es gut wäre für uns und für unseren Nächsten. Manchmal sind wir selbst über das erschreckt, was wir tun oder getan haben. Da ist es gut, wenn wir unser Fehlverhalten benennen vor Gott und den Menschen, wenn wir uns entschuldigen oder uns versöhnen können.

„Tut Buße, denn das Himmelreich ist nahe herbeigekommen". Was das bedeutet, beschreibt auf seine Weise ein Roman von Henning Mankell mit dem Titel *Die italienischen Schuhe.* Es geht darin um Schuld und Versöhnung, um Versagen und Vergebung. Sie merken, hier wird in gewisser Weise eine Bußgeschichte erzählt und zwar aus dem Blickwinkel von Fredrik, dem Ich-Erzähler des Romans. Er ist kein ehrlicher Mensch, das muss er sich selbst eingestehen. Doch im Laufe des Romans lernt er immer mehr, ehrlich zu sein, seine Schuld nicht zu verdrängen und mit Schweigen zuzudecken, sondern sich ihr zu stellen. Und das hat erstaunlicherweise eine ungeheuer befreiende Wirkung auf ihn.

Zu Beginn ist Fredrik noch nicht so weit, sich ehrlich seiner Schuld zu stellen. Mankell stellt meisterhaft dar, was es aus einem Menschen macht, wenn er vor seiner Schuld auf der Flucht ist: Fredrik ist zu einem Eigenbrötler geworden; er lebt zurückgezogen auf einer kleinen Insel vor der schwedischen Küste. Den Kontakt zu anderen Menschen beschränkt er auf ein Minimum. Sein Rückzug hat einen Grund: Fredrik war in seinem früheren Leben Arzt gewesen, bis es zu einer Katastrophe kam. Ihm war ein ärztlicher Kunstfehler unterlaufen, den er sich selbst nicht vergeben konnte. Alle Erklärungen, die ihn hatten entlasten können, waren ihm wie leere Ausreden vorgekommen. Und so hatte sich nicht nur das Leben seiner jungen Patientin verändert, sondern auch sein eigenes. Fredrik fühlte sich schuldig, er wusste, dass er dafür verantwortlich war, dass ein anderer Mensch von nun an mit einer Behinderung leben musste. Aber statt diese Schuld auszusprechen, floh Fredrik aus seinem bürgerlichen Leben und zog sich auf eine einsame Insel zurück. Es ist, als ob er sich selbst bestrafen will für das, was er getan hat. Und so führt er das Dasein eines Einsiedlers, eines fast Namenlosen, ohne Perspektive und Sinn.

Doch auf einmal wird seine Einsamkeit aufgebrochen und seine Zurückgezogenheit gestört. Fredriks fast vergessene Jugendliebe Harriet steht eines Tages vor seiner Insel auf dem winterlichen Eis. Sie ist inzwischen eine alte, sterbenskranke Frau geworden. Mit ihr kehrt die Erinnerung an eine vor etwa vierzig Jahren begangene Schuld zurück. Harriet will Fredrik besuchen, bevor sie sterben muss. „Tut Buße, denn das Himmelreich ist nahe herbeigekommen". Doch nicht nur Schuldgefühle ziehen nun bei Fredrik ein. Seltsamerweise kehrt mit der sterbenskranken Frau Lebendigkeit in seinen leblosen Alltag zurück:

Lesung[17]

> Draußen auf dem Eis stand ein Mensch.
> Eine schwarze Gestalt in all dem Weißen. Die Sonne lag knapp über dem Horizont. Ich kniff die Augen zusammen, um zu erkennen, wer es war. Ich konnte sehen, dass es eine Frau war. Es sah aus, als stünde sie da an ein Fahrrad gelehnt. Dann erkannte ich, dass es ein Rollator war. Ich fror so sehr, dass ich zitterte. Ich eilte zum Haus hinauf und fragte mich, ob ich ein Gespenst gesehen hatte.

17 Henning Mankell: Die italienischen Schuhe, 30–32 in Ausschnitten.

Ich nahm mein Fernglas und stieg auf den Felsen hinauf. Ich hatte es mir nicht eingebildet.

Die Frau auf dem Eis war noch da. Ihre Hände ruhten auf den Griffen des Rollators. Über einem Arm hing eine Handtasche. Sie hatte einen Schal um die Zipfelmütze gewickelt, die tief in die Stirn gezogen war. Ich hatte Schwierigkeiten, ihr Gesicht im Fernglas zu erkennen. Woher kam sie? Wer war sie?

Ich versuchte zu denken. Wenn sie hier richtig war, wollte sie mich besuchen. Hier gibt es niemanden außer mir.

Ich hoffte, sie hätte sich verirrt. Ich wollte keinen Besuch bekommen. Noch immer stand sie reglos da, die Hände auf den Handgriffen des Rollators. Ich verspürte ein wachsendes Unbehagen. Es war etwas Bekanntes an der Frau draußen auf dem Eis.

Wie war sie mit dem Rollator durch den Schneesturm übers Eis gelangt? Es waren drei Seemeilen bis zum Festland. Es erschien unglaublich, dass sie so weit gegangen war, ohne zu erfrieren.

Mehr als zehn Minuten stand ich da und betrachtete sie durch das Fernglas. Gerade als ich das Fernglas absetzen wollte, drehte sie langsam den Kopf und blickte in meine Richtung.

Es war einer der Augenblicke im Leben, in denen die Zeit nicht nur still steht, sondern tatsächlich nicht mehr existiert. Sie kam in den Augen des Fernglases auf mich zu, und ich sah, dass es Harriet war.

Obwohl ich sie zuletzt in einem Frühling vor fast vierzig Jahren gesehen habe, wusste ich, dass sie es war. Harriet Hörnfeldt, die ich mehr geliebt habe als jede andere Frau.

Ich war seit ein paar Jahren Arzt, zum grenzenlosen Erstaunen meines Vaters, des Kellners, und zum fanatischen Stolz meiner Mutter. Es war mir gelungen, mich aus der Armut zu befreien. Damals wohnte ich in Stockholm, der Frühling 1966 war sehr schön. Harriet und ich gingen gern in der Abenddämmerung durch die Stadt.

Harriet war ein paar Jahre älter als ich und hatte nie daran gedacht, weiterzustudieren. Sie arbeitete als Verkäuferin in einem Schuhgeschäft. Sie sagte, dass sie mich liebte, und ich sagte, dass ich sie liebte.

Unsere Liebe flammte heftig, kann man sagen. Trotzdem habe ich sie verraten. Ich hatte ein Stipendium bekommen,

> um mich in den USA weiter auszubilden. Am 23. Mai sollte ich nach Arkansas fahren, um ein Jahr lang fort zu sein. Das war es zumindest, was ich Harriet gesagt hatte. Aber das Flugzeug nach Amsterdam und New York ging schon am 22. Mai.
>
> Ich sagte ihr nicht einmal auf Wiedersehen, ich verschwand einfach.

Mit einem Mal steht es Fredrik wieder vor Augen: Er hatte Harriet damals nicht die Wahrheit gesagt und war einfach verschwunden. Als er sie auf dem Eis entdeckt, wird die Erinnerung wieder lebendig. Und Fredrik wird sich dessen bewusst, wie sehr er Harriet geliebt, aber auch wie sehr er sie verletzt hatte. Und er erkennt, wie sehr er mit Harriet zugleich sich selbst betrogen hatte. Denn wer Schuld auf sich lädt, der tut nicht nur einem anderen weh, sondern verletzt sich auch immer selbst. Fredriks Leben hätte einen anderen Verlauf genommen, wenn er mit Harriet zusammengeblieben wäre. Es wäre glücklicher und erfüllter geworden. Er hätte das Aufwachsen seiner Tochter miterlebt, von der er erst erfährt, als Harriet wieder in sein Leben tritt. Es scheint, als ob ein Zusammenhang besteht zwischen der Harriet angetanen Schuld und seinem eigenbrötlerischen Leben auf der einsamen Insel. War es seine Schuld, die aus Fredrik einen Mann werden ließ, der sich nicht recht versöhnen konnte mit sich selbst und seinem Leben?

„Tut Buße, denn das Himmelreich ist nahe herbeigekommen". Es gibt einen Ausweg aus der Schuld. Sie muss nicht in Groll und Unversöhnlichkeit enden. Wir können Buße tun, haben die Möglichkeit, Schuld auszusprechen und zu vergeben. Menschen, die aneinander schuldig geworden sind, können wieder beginnen, sich zu lieben. Das wird in Mankells Roman in der Beziehung zwischen Harriet und Fredrik deutlich.

Harriet macht sich aus einem bestimmten Grund auf den Weg zu Fredrik. Sie ist sterbenskrank und will in der Nähe des Mannes sterben, den sie geliebt hat wie sie später keinen anderen Mann mehr lieben konnte. Er hatte ihr Leben – ohne es zu wissen – maßgeblich geprägt. Lange Jahre hat sie ihn gehasst, nachdem er sie verlassen hatte. Doch sie war nie von ihm losgekommen. Nun sollte der Hass nicht das letzte Wort haben. Harriet will sich versöhnen angesichts ihres nahenden Todes.

Und zugleich will sie wieder gut machen, was sie Fredrik angetan hatte. Denn auch Harriet hat sich schuldig gemacht. Sie hatte Fredrik verheimlicht, dass aus ihrer Beziehung eine Tochter entstanden war. Sie war damals so verletzt gewesen, dass sie ihm nichts von dem werdenden Leben sagen konnte. Auch deshalb kam Harriet zu Fredrik auf die Insel, um ihm die Tochter Louise zu geben.

LESUNG[18]

„Ich bin dankbar, dass du mich entgegengenommen hast", sagte Harriet. „Ich hätte da draußen auf dem Eis erfrieren können. Du hättest nicht so tun müssen, als hättest du mich gesehen."

„Dass ich dich einmal verlassen habe", sagte ich, „bedeutet nicht, dass ich es wieder tun würde."

Sie schüttelte fast unmerklich den Kopf. „Du, der so viel gelogen hat, hast nicht einmal gelernt, wie man das macht. Das meiste, was man sagt, muss wahr sein. Sonst wird die Lüge unhandlich. Du weißt genauso gut wie ich, dass du mich noch einmal hättest verlassen können. Hattest du andere als mich verlassen?"

Ich dachte nach, ehe ich antwortete. Ich wollte, dass das, was ich sagte, wahr sein sollte. „Einen", sagte ich. „Einen Menschen."

„Wie heißt sie?"

„Keine Frau. Mich selbst."

Sie schüttelte wieder langsam den Kopf. „Es hat keinen Sinn, weiter darauf herumzukauen. Unsere Leben sind geworden, wie sie geworden sind. Bald werde ich tot sein. Du wirst noch eine Weile leben. Dann bist du auch fort. Dann sind die Spuren ausgelöscht."

Sie streckte die Hand aus und umfasste mein Handgelenk. Ich konnte ihren schnellen Puls spüren. „Ich will dir etwas sagen, was du vielleicht schon geahnt hast. Ich habe nie in meinem Leben einen anderen Mann so geliebt, wie ich dich geliebt habe. Um zu dieser Liebe zurückzufinden, habe ich dich aufgesucht. Damit du deine Tochter zurückbekommen solltest, die ich dir weggenommen habe. Aber vor allem wollte ich in der Nähe des Mannes sterben, den ich immer geliebt habe. Ich habe auch nie jemanden so gehasst, wie ich dich gehasst habe. Aber der Hass tut weh, und Schmerzen habe ich schon mehr als genug. Die Liebe schenkt eine Erfrischung, eine Ruhe, vielleicht sogar eine Geborgenheit, die bewirkt, dass die Begegnung mit dem Tod nicht so erschreckend ist.

18 Henning Mankell: Die italienischen Schuhe, 293f. in Ausschnitten.

Als Harriet zu Fredrik kommt, hat sie einen Wunsch, den sie noch erleben will, bevor sie stirbt: Sie erinnert Fredrik an ein Versprechen, das er ihr vor langer Zeit gegeben hat, mit ihr an einen besonderen, geradezu magischen Ort zu fahren, zu einem Waldteich, den er aus seinen Kindertagen kennt. Trotz erheblicher Schwierigkeiten bringt die sterbenskranke Frau Fredrik dazu, dieses Versprechen einzulösen. Und sie führt ihn damit auf einen Weg, auf dem er zu sich selbst findet. Er lernt seine Tochter Louise kennen und er kann sich sogar bei der Frau entschuldigen, die durch seinen ärztlichen Kunstfehler nun mit einer Behinderung leben muss. „Tut Buße, denn das Himmelreich ist nahe herbeigekommen".

LESUNG[19]

„Du hast eins deiner Versprechen bei Harriet eingelöst", sagte Louise. „Sie hat noch einen Wunsch."

„Ich fahre nicht noch einmal zum Waldteich."

„Sie wünscht sich hier etwas. Ein Sommerfest."

„Was soll das heißen?"

Louise wurde ärgerlich. „Kann man etwas anderes mit einem Sommerfest meinen, als das, was das Wort sagt? Ein Fest, wenn Sommer ist."

„Ich pflege keine Feste hier auf der Insel zu veranstalten. Weder im Sommer noch im Winter."

„Dann wird es Zeit, dass du es tust. Harriet will an einem schönen Sommerabend zusammen mit einigen Menschen draußen sitzen, gut essen, gut trinken und dann in ihr Bett zurückkehren, um so schnell wie möglich zu sterben."

„Das können wir natürlich machen. Du, ich und sie. Wir stellen einen Tisch auf das Gras vor den Johannisbeerbüschen."

„Harriet will Gäste haben. Sie will Menschen treffen."

„Wer sollte das sein?"

„Du bist es, der hier wohnt. Lade ein paar von deinen Freunden ein. Es müssen nicht so viele sein."

Louise ging zum Haus hinauf. Sie wartete nicht auf Antwort. Ich sah ein, dass ich dieses Fest würde geben müssen. Ich konnte Jansson, Hans Lundmann und seine Frau Romana einladen, die in dem großen Supermarkt drinnen im Ort hinter der Fleischtheke steht.

19 Henning Mankell: Die italienischen Schuhe, 275.

Harriet würde ihre letztes Abendmahl hier draußen auf meiner Insel einnehmen. Das war das wenigste, was ich für sie tun konnte.

Und so bekommt Harriet kurz vor ihrem Tod ihr Sommerfest. Sie feiert es mit wildfremden Menschen, die in einer Nacht zu ihren Freunden werden. Auch Harriet und Fredrik fühlen sich verbunden. Es ist, als seien die vierzig Jahre der Trennung mit einem Mal wie weggewischt.

LESUNG[20]

„Harriets ausgemergeltes Gesicht hatte etwas von der Kraft zurückgewonnen, die sie früher im Leben besessen hatte. Ich setzte mich mit einem Glas Wein in der Hand neben sie.

Sie nahm es mir ab und leerte es zur Hälfte. „Schenk mir ein", sagte sie. „Um nicht einzuschlafen, habe ich die Einnahme von allem verringert, was die Schmerzen weghält. Es tut weh, und es wird schlimmer. Aber jetzt will ich weißen Wein statt weißer Tabletten. Wein!"

Ich ging hinaus in die Küche, wo entkorkte Flaschen standen. Louise machte sich an etwas zu schaffen, was unterwegs in den Ofen war.

„Harriet möchte Wein haben", sagte ich.

„Aber dann gib ihn ihr doch! Dieses Fest ist für sie. Es ist das letzte Mal im Leben, dass sie sich gute Laune antrinken kann. Wenn sie sich betrinkt, sollten wir nur froh sein."

Ich nahm die Flasche mit hinaus in den Garten. Der Tisch war schön gedeckt. Louise hatte ihn mit Blumen und grünen Zweigen geschmückt. Über die kalten Gerichte, die schon bereit standen, hatte sie ein paar von Großmutters verschlissenen Handtüchern gelegt.

Wir stießen an. Harriet nahm meine Hand. „Bist du mir böse, weil ich in deinem Haus sterben will?"

„Warum sollte ich dir böse sein?"

„Du wolltest nicht mit mir leben. Dann willst du mich vielleicht auch nicht sterbend in deinem Haus haben."

„Es würde mich nicht wundern, wenn du uns alle überlebst."

„Ich bin bald tot. Ich fühle schon, wie es in mir zieht."

20 Henning Mankell: Die italienischen Schuhe, 279.

„Tut Buße, denn das Himmelreich ist nahe herbeigekommen". Im Wissen um ihren Tod konnte Harriet sich auf den Weg machen, um sich mit Fredrik zu versöhnen, dem Mann, den sie ihr Leben lang trotz allem geliebt hat. Im Horizont der Begrenztheit des Lebens bringt sie es fertig, ihren Hass zu überwinden und ihren Stolz.

Henning Mankell gelingt es in seinem Roman zu beschreiben, wie das Benennen von Schuld zur Versöhnung führen kann. Ehrlich zu sein zu uns selbst und vor Gott hat Auswirkungen auch auf den Umgang mit den Menschen, mit denen wir zusammenleben. Wer anderen gegenüber ehrlich seine Fehler eingesteht, der trottet nicht einfach weiter auf einem einmal eingeschlagenen Weg. Wer eigene Fehler benennt, dessen Schritte führen ihn in eine neue Richtung, er kehrt um und tut damit das, was Buße bedeutet.

LIED Lass uns in deinem Namen, Herr, die nötigen Schritte tun (EG 614)

SÜNDENBEKENNTNIS

Lasst uns unsere Sünde bekennen:
Der Teppich, unter den wir alles kehren,
unter dem wir alles verschwinden lassen,
er liegt auch über uns,
er lastet schwer auf unserer Seele
und drückt uns nieder.
Er droht uns zu ersticken,
hält uns am Boden, macht uns aggressiv.

Wer hilft uns heraus aus dem Gefängnis,
in dem wir uns verfangen haben?
Wer lässt uns wieder frei atmen?
Wer hilft uns, unsere Schuld einzugestehen und zu bekennen?
Wer gibt uns Mut, die Hand zur Versöhnung auszustrecken?

Wir brauchen Gott, um umzukehren,
um wieder neu anzufangen,
um neuen Mut zu fassen,
um aufeinander zuzugehen.

Darum lasst uns bekennen,
dass wir Gottes Hilfe brauchen,
um innerlich neu zu werden und umzukehren von unserer Schuld.

Wenn ihr das in euren Herzen bekennt
und ihr euch nach der Vergebung eurer Sünde sehnt,
dann antwortet: Ja

Zuspruch der Vergebung

Jesus Christus spricht: Welchen ihr die Sünden erlasst, denen sind sie erlassen. Im Vertrauen auf diese Verheißung sage ich Euch: Gott hat eure Bitte erhört. Er vergibt euch eure Sünden und nimmt die Last der Schuld von euren Schultern!

Lied Nun lasst uns Gott dem Herren Dank sagen (EG 320,1–4.6)

Fürbitten

Herr, unser Gott,
wir haben deine Gebote gehört
und sind ihnen doch immer wieder nicht gefolgt.
Dir ist nichts verborgen,
und alle Schuld liegt offen vor dir;
auch unsere Schuld.

Befreie uns aus der Sicherheit,
in der wir uns selbst gefangen halten
und in der wir die Not der anderen nicht wahrnehmen.

Befreie uns für die Menschen,
die uns nahe sind und die wir doch von uns fern halten,
dass wir lernen, in ihnen Schwestern und Brüder zu sehen
und mit ihnen zu teilen.

Befreie uns für den neuen Weg,
dass wir Schritte wagen, die zueinander führen,
dass wir uns mit denen versöhnen,
die uns verletzt haben.

Befreie unsere Welt aus dem Kreislauf der Ausbeutung,
der Gewalt und Gegengewalt.
Lass Frieden einkehren in den Krisengebieten dieser Welt
und schenke uns deinen Frieden,
der höher ist als alle Vernunft.

Stille

Vater unser

Lied Nun lob, mein Seel, den Herren (EG 289,1–2)

Segen

Musik

11 Bewahre mich, Gott

Literaturgottesdienst mit Texten von Daniel Kehlmann

MUSIK

LIED O Heilger Geist, kehr bei uns ein (EG 130,1–3)

BEGRÜSSUNG

„Solange die Erde steht, soll nicht aufhören Saat und Ernte, Frost und Hitze, Sommer und Winter, Tag und Nacht".

Mit diesen Worten aus dem 8. Kapitel des ersten Buches Mose begrüße ich Sie zu unserem heutigen Literaturgottesdienst.

Durch zwei Lesungen werden Sie eingeführt in eine der neun Erzählungen aus Daniel Kehlmanns Roman *Ruhm*. Sie trägt die Überschrift „Rosalie geht sterben" und ist voll von bewegenden Beobachtungen und geradezu theologischen Gedanken. Hin und wieder gibt der Autor seine eignen Gedanken preis, wie am Ende, als er resümiert: „Denn wie Rosalie kann auch ich mir nicht vorstellen, dass ich nichts bin ohne die Aufmerksamkeit eines anderen, ja dass meine bloß halbwahre Existenz endet, sobald dieser andere den Blick von mir nimmt".

Sie merken, in der Beschäftigung mit diesem Roman kommen wir der Frage nach Gott ganz nahe. In dem erwähnten Zitat steckt eine Ahnung davon, wie sehr wir Menschen angewiesen sind, dass Gottes Auge voll Liebe und Wohlwollen auf uns ruht. Und auch sonst ist die Schilderung des Schicksals der alten Frau Rosalie voller Glaubensfragen: Kann Gott wunderbar eingreifen in unser Leben, wenn wir ihn um Rettung bitten vor Gefahr oder vor todbringender Krankheit? Wir treten also in einen Dialog mit dem Kehlmannschen Roman und tun es in diesem Gottesdienst bewusst aus der Perspektive des christlichen Glaubens.

LIED Gott des Himmels und der Erden (EG 445,1–5)

PSALMMEDITATION zu Psalm 119

Wohl denen, die ohne Tadel leben
und die deine Weisungen halten, Gott.
Wohl denen, die dein Gebot befolgen
und nicht nur den eigenen Vorteil suchen.
Denn dein Gebot, Gott, erfüllt Himmel und Erde
und bleibt bestehen in Ewigkeit.
Deine Wahrheit währt von Geschlecht zu Geschlecht
und das Wort deiner Lippen reicht bis über den Horizont.
Ich liebe dein Wort und sinne ihm täglich nach,
in schlafloser Nacht oder in der Frühe des Morgens.
Dein Gebot ist mir wie eine Leuchte in dunkler Nacht,
dass mein Fuß nicht strauchelt.
Es ist mir wie ein Licht,
dass ich in der Dunkelheit den Weg finde
und mein Fuß nicht strauchelt.
Ich will mich daran halten
und es in meinem Herzen bewahren.
Dein Wort, Gott, ist mir Schutz und Schild,
das mich erhält und stärkt.
Es lässt mich immer wieder aufleben
und bewahrt mich davor, zuschanden zu werden.
Wohl denen, die ohne Tadel leben
und die deine Weisungen halten, Gott.

TAGESGEBET

Du Gott des Lebens, du lädst uns ein, in dein Haus zu kommen, so wie wir sind, mit unseren inneren und äußeren Narben. Wir sind hier mit unseren Ängsten, mit den Verletzungen und Wunden, die uns das Leben geschlagen hat.

Wir kommen zu dir mit unserer Sehnsucht, geheilt zu werden und ganz zu sein. Wir bitten dich voller Hoffnung und trotz aller Zweifel, dass du nun unter uns bist mit deiner heilsamen Gegenwart.

LESUNG „Rosalie geht sterben“, 1. Teil[21]

1. Sprecher(in): Vor beinahe siebzig Jahren war Rosalie jung und gut in der Schule, dann hat sie die Lehrerinnenakademie absolviert und vier Jahrzehnte unterrichtet. Sie war zweimal verheiratet und hat drei längst schon erwachsene Töchter, jetzt ist sie Witwe, ihre Pension ist ausreichend, und über manche Dinge hat sie sich nie Illusionen gemacht; darum ist sie auch nicht erstaunt gewesen, als ihr der Arzt vorige Woche gesagt hat, dass Bauchspeicheldrüsenkrebs nicht heilbar ist und dass es nun sehr schnell zu Ende gehen wird.
2. Sprecher(in): „Sie wollen doch sicher die Wahrheit“,
1. Sprecher(in): hat er gesagt, mit einer Miene, als wäre sie ein Kind und könnte stolz sein, von einem Erwachsenen ins Vertrauen gezogen zu werden.
2. Sprecher(in): „Die gute Nachricht: Der starke Schmerz kommt erst ganz am Schluss.“
1. Sprecher(in): Es ist ihr fast leichtgefallen, die Situation zu akzeptieren. Die berühmten sieben Stadien hat sie nicht durchlebt: keine Empörung, keine Leugnung, keinen langsamen Kampf bis hin zum Begreifen – bloß eine kurze Phase des Unglaubens, dann eine Nacht tiefster Traurigkeit und am nächsten Morgen schon die Suche im Internet nach jenem Schweizer Verein, von dem sie gehört hat, er helfe einem die Dinge abzukürzen.

Man muss dem Verein beitreten, muss einen gar nicht so kleinen Betrag bezahlen und ärztliche Berichte schicken, die ein Mediziner dann durchsieht, um zu bestätigen, dass wirklich keinerlei Hoffnung besteht. Danach reist man an, begibt sich in des Vereins einzige Immobilie, die sogenannte Sterbewohnung: ein Zimmer mit Sofa, Bett und einem Tisch, auf dem einem ein ehrenamtlicher Mitarbeiter ein Glas Natrium-Pentobarbital vorsetzt. Das trinkt man. Aus eigener Kraft und freiem Willen.

Nach kurzem Widerstreben also greift Rosalie zum Telefon. Es meldet sich ein Herr Freytag. Er ist höflich, leise und taktvoll, er hat offensichtlich Erfahrung mit dieser Art von Gesprächen.

21 Auszug aus Daniel Kehlmann: Ruhm, 51–63 (für mehrere Sprecher bearbeitet).

2. Sprecher(in): „Alles sehr einfach“,
1. Sprecher(in): sagt Herr Freytag. Dies sei die Adresse, dies die Faxnummer, sie möge nur die ärztlichen Berichte schicken, dann werde sogleich ein Psychiater ein Gespräch mit ihr führen, um ihre Zurechnungsfähigkeit zu prüfen. Danach werde man ihr die Beitrittsunterlagen faxen, und sobald sie die zurückgeschickt habe, könne ein Termin vereinbart werden. Ob denn ... Er zögert zum ersten Mal. Ob denn Eile geboten sei?

Der Arzt, sagt Rosalie, habe von wenigen Wochen gesprochen.

In diesem Fall werde man die Dinge beschleunigt erledigen. Herrn Freytags Stimme bleibt ganz ruhig und dennoch voller Anteilnahme. Er macht das wirklich gut. Warum auch nicht, denkt Rosalie, er könnte sicher woanders mehr verdienen, wahrscheinlich ist es eine echte Berufung. Sie schafft es, sogar ein Gefühl von Dankbarkeit zu empfinden.

In der Nacht träumt sie wie seit Jahren nicht mehr. Da ist ein hitziges Pochen des Bluts, eine fiebrig sinnliche Erregung, an die sie sich nach dem Erwachen fast schockiert zurückerinnert: viele Menschen und Lärm und überhitzte Umarmungen. Auch sind da plötzlich Leute, an die sie seit fünfzig Jahren nicht gedacht hat, scheinbar ewig schon verschwunden im Vergessen, vielleicht lebt kein anderer mehr, der sich noch an sie erinnert. Wie lange alles her ist. Es wird wohl wirklich Zeit für sie.

Und trotzdem kann sie sich nicht ganz in ihr Schicksal ergeben. Deshalb, zur frühen Morgenstunde, wendet sie sich an mich und bittet um Gnade.
3. Sprecher(in): „Rosalie, das liegt nicht in meiner Macht. Das kann ich nicht.“
4. Sprecher(in): „Natürlich kannst du! Das ist deine Geschichte.“
3. Sprecher(in): „Aber sie handelt von deinem letzten Weg. Täte sie es nicht, hätte ich nichts über dich zu erzählen. Die Geschichte –“
4. Sprecher(in): „Könnte eine andere Wendung nehmen!“
3. Sprecher(in): „Ich weiß nichts anderes. Nicht für dich.“
1. Sprecher(in): Daraufhin dreht sie sich zur Seite und kann nicht mehr einschlafen, bis es hell wird. Das ist nichts Außergewöhnliches, das letzte Mal wirklich gut geschlafen hat sie vor mehr als fünfundzwanzig Jahren.

Die nächsten Tage vergehen, als wäre alles wie immer und als hätte sie noch Zeit. Der Schrecken weicht allmählich – oder richtig: Er bleibt, aber er verliert die Spitze und wird zu einem gleichmäßig dumpfen Druck, gar nicht unähnlich den Magenschmerzen, die schon so lange Teil ihres Daseins sind, dass sie sich kaum mehr daran erinnern kann, wie es sich anfühlt, wenn einem nichts wehtut. Das eben ist Leben, wenn man über siebzig ist: ein Ziehen dort, ein Brennen da, ein ständiges Unwohlsein und Starrheit in allen Gelenken.

Sie beschließt, ihren Töchtern nichts zu sagen. Sie erwarten schon lange ihren Tod, da muss man realistisch sein. Sie haben, da ist sie sich sicher, ausführlich darüber gesprochen, wer ihr Begräbnis organisieren und wo man sie beisetzen wird. Pflichtschuldig haben sie sie mehrmals gebeten, vernünftig zu sein und in ein Pflegeheim zu gehen, aber da Rosalie noch gut allein zurechtkommt und ein Heim teuer ist, hat ihren Appellen der Nachdruck gefehlt. Wozu also sie jetzt belästigen, wozu Familientreffen, tränenreiche Umarmungen und Abschiedsworte? Viel besser und sauberer ist es doch, wenn ein sachlicher Brief aus Zürich sie informiert, dass das lange Erwartete nun eingetreten ist.

An diesem Abend ruft sie den einzigen Menschen an, dem sie davon erzählen möchte.

4. Sprecher(in): „Wo bist du?“

2. Sprecher(in): „In San Francisco“,

1. Sprecher(in): sagt Lara Gaspard.

4. Sprecher(in): „Das Telefonieren ist dann wohl sehr teuer für dich, oder?“

1. Sprecher(in): Wie merkwürdig, dass man jetzt fast jeden Menschen überall erreichen kann, ohne zu wissen, wo er ist. Es kommt einem vor, als ob selbst der Raum nicht mehr wäre, was er einmal war. Einerseits ist es ihr unheimlich, andererseits ist sie froh, dass sie mit ihrer klugen Nichte sprechen kann.

2. Sprecher(in): „Nicht der Rede wert. Was ist mit dir, du klingst seltsam!“

1. Sprecher(in): Rosalie schluckt, dann erzählt sie es. Das Ganze scheint ihr plötzlich unwirklich und theatralisch, als wäre es die Geschichte einer anderen oder als hätte jemand sich das alles ausgedacht. Als sie fertig ist, weiß sie nicht mehr, was sie sagen soll. Eigenartigerweise ist es ihr peinlich. Sie schweigt verwirrt.

2. Sprecher(in): „Mein Gott",
1. Sprecher(in): sagt Lara.
4. Sprecher(in): „Findest du es falsch?"
2. Sprecher(in): „Etwas daran ist falsch. Aber schwer zu sagen, was. Fährst du allein hin?"
1. Sprecher(in): Rosalie nickt.
2. Sprecher(in): „Tu das nicht. Nimm mich mit."
4. Sprecher(in): „Kommt nicht in Frage."
1. Sprecher(in): Ein paar Sekunden schweigen sie beide. Rosalie weiß, dass Lara weiß, sie würde nachgeben, wenn sie etwas dringlicher bäte, und Lara weiß, dass Rosalie es weiß, aber Rosalie weiß auch, dass Lara nicht die Kraft dafür hat, nicht jetzt, nicht so unvermittelt und ohne Vorbereitung, und deshalb tun sie beide so, als wäre da nichts zu machen und kein Widerspruch möglich.

Also führen sie ein langes Gespräch voller Wiederholungen und gedehnter Pausen, in dem es um das Leben und die Kindheit und Gott und letzte Dinge geht, und immer wieder denkt Rosalie, dass sie diesen Anruf nicht hätte machen sollen, dass sie am liebsten einfach auflegen würde und dass dies andererseits noch eine Weile dauern wird, denn natürlich will sie überhaupt nicht auflegen. Irgendwann beginnt Lara, leise zu schluchzen, und Rosalie kommt sich sehr tapfer und gelassen vor, als sie sich verabschiedet, aber dann beginnt doch alles von vorne, und sie reden noch eine Stunde. Das war ein Fehler, denkt Rosalie danach. Das ist das Falsche daran, das hat ihre kluge Nichte gemeint. Man tut es allein oder gar nicht.

LIED Wenn ich einmal soll scheiden (EG 85,9–10)

PREDIGT

Unheilbarer Bauchspeichelkrebs, so lautet die Diagnose. Es ist eine Nachricht, die aus der Bahn werfen kann, die in Verzweiflung führt, die Menschen in Tränen ausbrechen lässt.

Rosalie reagiert anders, sie will sich mit dem Unausweichlichen abfinden. Sie hadert nicht mit ihrem Schicksal, sie zweifelt nicht an der Diagnose. Stattdessen will Rosalie das Sterben selbst in die Hand nehmen. Darum ruft sie in der Schweiz an, bei einem dieser umstrittenen Vereine, die ihre Hilfe anbieten, wenn jemand sein Leben beenden will. Rosalie wirkt entschlossen und will sich anscheinend von nichts und niemandem abbringen lassen, diesen, ihren letzten Schritt zu gehen. Wir ahnen, dass sie in die Schweiz reisen und dass sie den Weg in die Sterbewohnung finden wird.

Das ist der äußere Erzählstrang eines der neun Kapitel in Daniel Kehlmanns Roman *Ruhm*. Hintergründig aber bekommen wir beim Lesen oder Hören den Eindruck, als wäre Rosalie ganz und gar nicht so sicher, dass dieser Weg für sie richtig ist. Da sind ihre Träume, die so lebhaft sind, als wollten sie sie zurückhalten vor dem selbstgewählten Tod. Da ist das leichte Erschrecken, als sie erfährt, dass sie schon am Montag den Termin bekommt, um ihr Leben zu beenden. Später meldet sich immer wieder eine vage Hoffnung, dass ihre Geschichte ein anderes Ende findet und nicht in der Sterbewohnung in Zürich endet: Als das Flugzeug nicht in Zürich landen kann oder die Bahnfahrt unterbrochen wird. Nimmt Rosalies Geschichte etwa doch noch eine unvorhergesehene Wendung, wenn sie den Termin nicht einhalten kann?

Und dann gibt es im Kapitel über Rosalie noch eine weitere Ebene. Immer wieder sucht sie das Gespräch mit ihrem „Schöpfer“, mit dem Autor, dessen Phantasie sie entsprungen ist. Immer wieder diskutiert sie mit ihm, ob er ihrer Geschichte eine andere Wendung geben könnte. Es ist, als ob ein todkranker Mensch mit Gott hadert und mit ihm ringt: Gibt es nicht einen anderen Weg, einen Ausweg aus der todbringenden Krankheit? Kannst du, Gott, nicht ein Wunder geschehen lassen? Solche Gebete können viele von uns sicher gut nachvollziehen oder haben sie vielleicht selbst schon gesprochen.

Ist nicht die Bibel voll von solchen Wundern, von Heilungs- oder Rettungsgeschichten? Auch die Erzählung von der Arche Noah malt das Bild von einer wunderbaren Rettung. Das Ende dieser Rettungserzählung will ich nun in Beziehung setzen zu dem, was die Romanfigur Rosalie erlebt:

Noah aber baute dem Herrn einen Altar und nahm von allem reinen Vieh und von allen reinen Vögeln und opferte Brandopfer auf dem Altar. Und der Herr roch den lieblichen Geruch und sprach in seinem Herzen: Ich will hinfort nicht mehr die Erde verfluchen um der Menschen willen; denn das Dichten und Trachten des menschlichen Herzens ist böse von Jugend auf. Und ich will hinfort nicht mehr schlagen alles, was da lebt, wie ich getan habe.

Solange die Erde steht, soll nicht aufhören Saat und Ernte, Frost und Hitze, Sommer und Winter, Tag und Nacht (1.Mose 8,20–22).

Auf wundersame Weise wird Noah mit seiner Familie und den Tieren gerettet. Sie überleben die große Flut, werden von Gott behütet. Aus Dankbarkeit baut Noah einen Altar und bringt Gott ein Dankopfer dar. Für Noah ist Gott ganz selbstverständlich der allmächtige Lenker der Geschichte und auch seines persönlichen Schicksals. Und auch wir können uns auf die Erzählung von der wunderbaren Rettung vor der Sintflut berufen, wenn wir uns in unserer Not an Gott wenden, wenn wir ihn um Heilung bitten, selbst dann, wenn nach allem Augenschein keine Rettung möglich ist.

Doch die Erzählung von der Sintflut besitzt noch eine andere Seite: Sie endet damit, dass Gott sich selbst verpflichtet: „Ich will hinfort nicht mehr die Erde verfluchen um der Menschen willen… Solange die Erde steht, soll nicht aufhören Saat und Ernte, Frost und Hitze, Sommer und Winter, Tag und Nacht." Gott verpflichtet sich zur Verlässlichkeit. Er will hinfort nicht mehr eingreifen in den Ablauf der natürlichen Ordnung. Der Rhythmus von Tag und Nacht, der Jahreszeiten soll verlässlich sein und nicht angetastet werden. Kann man darum die Verheißung nicht wie eine göttliche Selbstbeschränkung hören oder gar als eine Kritik einer allzu naiven Wundergläubigkeit verstehen? Wo kämen wir auch hin, wenn die Welt oder unser Leben sich der Regel von Ursache und Wirkung dauerhaft entziehen würde? Wenn sich der Lauf der Sonne oder der Jahreszeiten anhalten und bei Bedarf zurückdrehen ließe? Es ist gut, dass Gott uns und unserer Welt eine verlässliche Ordnung schenkt, dass der Kreislauf nicht unterbrochen werden soll von Saat und Ernte, Sommer und Winter, Tag und Nacht.

Auf die Erzählung von Rosalie übertragen bedeutet das, dass ihr Aufbegehren gegenüber ihrem Autor am Ende erfolglos sein muss. Es wäre ja auch ein merkwürdiger Ausgang ihrer Geschichte, wenn sie plötzlich von ihrer Krankheit geheilt wäre oder sonst etwas Unvorhergesehenes geschähe. Und doch gewinnt der Leser oder Hörer den Eindruck, dass die Zwiesprache zwischen Rosalie und dem Autor für die alte Frau eine ganz wichtige Funktion besitzt. Nur hier lehnt sie sich gegen ihr Schicksal auf, hier ist sie echt und lebendig. Ansonsten wirkt sie ein wenig zu gefasst und zu illusionslos. Nur in den Gesprächen mit ihrem Autor zeigt sich Rosalies Hoffnung auf einen anderen Ausgang der Erzählung.

Und brauchen wir Menschen nicht alle ein Stück solcher Hoffnung? Müssten wir nicht ohne eine manchmal verwegene Hoffnung verzweifeln an der Farblosigkeit unserer Tage oder an dem, was uns als unser Schicksal aufgegeben ist? Vielleicht ist ja manche

Hoffnung auf eine wundersame Wandlung des Schicksals doch nicht gänzlich unbegründet und vielleicht greift ja doch unser Schöpfer auf wunderbare Weise ein, erhört ein Gebet um Heilung an Leib und Seele. Vielleicht lässt ja auch der Autor Rosalie gegenüber am Ende doch Gnade walten und schenkt ihr einen Ausgang aus ihrer Geschichte, die ganz anders ist als erwartet. Wir werden sehen.

LIED Ich steh vor dir mit leeren Händen, Herr (EG 382)

LESUNG „Rosalie geht sterben", 2. Teil[22]

1. Sprecher(in): Das Wochenende vergeht in eigentümlicher Leichtigkeit. Nur ihre hitzigen Träume, so voll von Menschen, Stimmen und Ereignissen, als wollte eine ganze in ihr verborgene Welt noch einmal ans Licht, zeigen Rosalie, dass sie doch nicht so ruhig ist, wie sie tagsüber meint. Am Montagmorgen will sie zunächst ihren Koffer packen. Sie muss sich zur Ordnung rufen, denn es erscheint ihr seltsam und verquer, ganz ohne Gepäck zu verreisen.

Im Taxi zum Flughafen, während die Häuser vorbeiziehen und die aufgehende Sonne auf den Dächern spielt, versucht sie es wieder.
4. Sprecher(in): „Gibt es keine Chance",
1. Sprecher(in): fragt sie mich.
4. Sprecher(in): „Es liegt doch alles in deiner Hand. Lass mich leben!"
3. Sprecher(in): „Das geht nicht",
1. Sprecher(in): antworte ich irritiert.
3. Sprecher(in): „Rosalie, was hier mit dir geschieht, ist dein Zweck. Dafür habe ich dich erfunden. Theoretisch könnte ich vielleicht eingreifen, aber dann wäre alles sinnlos! Das heißt, ich kann es eben nicht."
4. Sprecher(in): „Blödsinn",
1. Sprecher(in): sagt sie
4. Sprecher(in): „Gerede. Irgendwann wirst auch du an der Reihe sein, und dann wirst du betteln wie ich."
3. Sprecher(in): „Das ist doch etwas anderes!"

22 Auszug aus Daniel Kehlmann: Ruhm, 63–77 (für mehrere Sprecher bearbeitet).

4. Sprecher(in): „Und wirst nicht verstehen, warum für dich keine Ausnahme gemacht wird."
3. Sprecher(in): „Das kann man nicht vergleichen. Du bist meine Erfindung, und ich bin …"
4. Sprecher(in): „Ja?"
3. Sprecher(in): „Ich bin real!"
4. Sprecher(in): „So?"
3. Sprecher(in): „Vertrau mir. Es wird nicht wehtun. Dafür wenigstens kann ich sorgen, das verspreche ich dir. Meine Geschichte –"
4. Sprecher(in): „Entschuldigung, aber auf die pfeife ich. Wahrscheinlich wird sie nicht einmal gut!"
1. Sprecher(in): Ich schweige wütend, und damit Rosalie nicht wieder anfängt, lasse ich sie schon ein paar Minuten später am Flughafen ankommen – das Auto hat sich unwirklich schnell bewegt, die Straßen sind zu einem Gemenge von Farben verwischt, und schon steigt sie aus, keine Schlange am Check-in-Schalter, kein Warten an der Sicherheitskontrolle, und sie sitzt am Gate, umgeben von lauten Kindern und Geschäftsleuten, und weiß gar nicht, wie ihr geschehen ist. Unser Gespräch ist in den Hintergrund ihres Bewusstseins gerückt, sie ist nicht mehr sicher, ob sie tatsächlich gesprochen habe oder ob sie sich meine Antworten selbst zurechtgelegt hat.
4. Sprecher(in): „Sind wir etwa schon da?"
1. Sprecher(in): fragt sie ihren Nachbarn.
Er schüttelt den Kopf.
2. Sprecher(in): „Basel."
4. Sprecher(in): „Was?"
2. Sprecher(in): „Nebel in Zürich."
1. Sprecher(in): Er sieht sie an, als wäre sie daran schuld.
2. Sprecher(in): „Wir mussten in Basel runter."
1. Sprecher(in): Rosalie blickt starr auf die Lehne des Vordersitzes und versucht nachzudenken. Was ist das? Die unerwartete Wendung, die ihr Leben retten soll?
3. Sprecher(in): Habe ich eingegriffen, um die Reise abzubrechen? „Aber Rosalie",
1. Sprecher(in): antworte ich.
3. Sprecher(in): „Du hast Krebs. Du stirbst in jedem Fall. Wenn du die Reise abbrichst, rettet es dich nicht."
4. Sprecher(in): „Es könnte eine andere Art von Geschichte werden",

1. Sprecher(in): sagt sie.
4. Sprecher(in): „Ich könnte in den zwei Wochen das Leben entdecken. Dinge tun, die ich noch nie getan habe. Es könnte eine dieser Geschichten darüber sein, dass man die Gegenwart nie genug schätzt und immer so leben soll, als wäre es in ein paar Tagen vorbei. Es könnte eine positive und ... Wie nennt man das?"
3. Sprecher(in): „Lebensbejahend. Man nennt das eine lebensbejahende Geschichte."
4. Sprecher(in): „So eine könnte es doch sein!"
3. Sprecher(in): „Rosalie, die Fluggesellschaft wird dir zwei Dinge anbieten. Einen Weiterflug, von dem man nicht weiß, wann du ihn antreten kannst, denn der Züricher Nebel ist sehr dicht, oder ein Ticket für die Bahn. Mit der kämst du zurecht. Du wirst das Bahnticket nehmen. Das ist keine lebensbejahende Geschichte. Wenn überhaupt, dann ist es eine theologische."
4. Sprecher(in): „Wieso das?"
1. Sprecher(in): Ich schweige.
4. Sprecher(in): „Aber wieso denn",
1. Sprecher(in): wiederholt sie.
4. Sprecher(in): „Wie meinst du das?"
1. Sprecher(in): Ich schweige.
2. Sprecher(in): „Ich bitte Sie",
1. Sprecher(in): sagt Rosalies Nachbar.
2. Sprecher(in): „So schlimm ist das doch gar nicht, Sie kommen schon nach Zürich. Ist ja nicht mehr weit. Da muss man doch nicht weinen."
1. Sprecher(in): Noch liegen etwa zwanzig Minuten vor ihr, jede angefüllt mit Sekunden; das ist eine lange Zeit, da tickt die Uhr noch Tausende Male, noch ist das Ende gar nicht wirklich.
2. Sprecher(in): „Wir sind da!",
1. Sprecher(in): sagt der Taxifahrer.
4. Sprecher(in): „Schon?"
1. Sprecher(in): Er nickt. Ihr fällt auf, dass sie kein Geld gewechselt hat, sie hat keine Schweizer Franken bei sich.
4. Sprecher(in): „Bitte warten Sie. Ich bin gleich wieder zurück."
1. Sprecher(in): Während sie aussteigt, kann sie gar nicht fassen, dass ihre letzte Tat darin besteht, jemanden um das Fahrgeld zu betrügen. Aber das Leben ist so eine verwickelt

unsaubere Angelegenheit, und jetzt gibt es keine Verantwortung mehr. Hier ist das Brett mit den Klingelknöpfen, da steht, als bedeute es irgend etwas und nicht den Tod, der Name des Vereins. Sie läutet, sofort entriegelt sich summend die Tür.

Der Lift ist alt, die Kabinenaufhängung ächzt, und während der Fahrt wird ihr klar, dass sie bis jetzt nicht daran geglaubt hat, dieses Haus jemals zu betreten. Die Kabine bleibt stehen, die Tür gleitet auf, und aus dem Nichts, als wollte er sie daran hindern, den Knopf zu drücken, der sie wieder hinunterbringt, taucht ein schmaler Mann mit Mittelscheitel auf.

2. Sprecher(in): „Guten Tag, Freytag mein Name."

1. Sprecher(in): Und jetzt? Jetzt ruiniere ich es. Ich reiße den Vorhang weg, werde sichtbar, erscheine neben Freytag vor der Lifttür. Eine Sekunde sieht er mich verständnislos an, dann verblasst er und verweht wie Staub.

3. Sprecher(in): „Rosalie, du bist gesund. Und wenn wir schon dabei sind, sei auch wieder jung. Fang von vorne an!"

1. Sprecher(in): Bevor sie antworten kann, bin ich wieder verschwunden, und sie steht im Lift, der knarrend nach unten fährt, und kann nicht begreifen, dass ihr aus dem Spiegel eine zwanzigjährige Frau entgegenblickt. Etwas schiefe Zähne, die Haare zu dünn und der Hals zu schmal, eine Schönheit war sie nie, aber das kann ich ihr nicht auch noch schenken. Andererseits – warum nicht? Jetzt spielt das schon keine Rolle mehr.

4. Sprecher(in): „Danke."

1. Sprecher(in): Sie reißt die Haustür auf und springt mit ihren nicht mehr schmerzenden Beinen auf die Straße. Die Kleider sehen seltsam aus an ihr: ein junges Mädchen, angezogen wie eine alte Frau. Da der Taxifahrer sie nicht wiedererkennt, hält er sie nicht auf, bleibt um seinen Lohn betrogen und wird noch eine halbe Stunde später hier stehen, mit wachsender Besorgnis das laufende Taxameter beobachten und schließlich im Haus an alle Türen klopfen. Bei dem Verein wird man ihm sagen, dass man zwar eine alte Dame erwartet hat, diese aber ihren Termin nicht wahrnehmen wollte.

Und Rosalie? Sie geht die Straße entlang, mit großen Schritten, halb bewusstlos vor Freude, und mir scheint es für einen Moment, als hätte ich richtig gehandelt, als wäre Gnade das Höchste und als käme es auf eine Erzählung weniger nicht an. Und zugleich, ich kann es nicht leugnen, kommt mir die absurde Hoffnung, dass dereinst jemand dasselbe für mich tun wird. Denn wie Rosalie kann auch ich mir nicht vorstellen, dass ich nichts bin ohne die Aufmerksamkeit eines anderen, ja dass meine bloß halbwahre Existenz endet, sobald dieser andere den Blick von mir nimmt – so wie eben jetzt, da ich diese Geschichte endgültig verlasse, Rosalies Dasein erlischt.

MUSIK

FÜRBITTEN

1. Sprecher(in):

Du Gott des Lebens, du hast uns unser Leben lang begleitet und hast uns durch Schmerz und Freude hindurch so werden lassen, wie wir heute sind. Wir klagen dir den Schmerz, den uns die unverheilten Verletzungen zugefügt haben und immer noch zufügen.

Wir rufen: Herr, erbarme dich.

2. Sprecher(in):

Du Gott des Lebens, wir klagen dir alles, was in unserer Welt krank macht und gelingendes Leben behindert. Wir klagen, was Krieg und Bürgerkrieg angerichtet haben und immer noch anrichten. Wir bitten dich, lass Friede entstehen zwischen verfeindeten Völkern und Volksgruppen, damit aus dem Zerbrochenen wieder etwas Neues entstehen kann.

Wir rufen: Herr, erbarme dich.

1. Sprecher(in):

Du Gott des Lebens, hilf uns, aus deiner Hand anzunehmen, was uns zwischen unseren Fingern zerronnen ist. Öffne uns die Augen, dass wir unser Leid, unsere Krankheiten und die Nöte in unserem Leben als Teil des Reifens verstehen auf unserem Weg zu deinem Heil.

Wir rufen: Herr, erbarme dich.

2. Sprecher(in):
Du Gott des Lebens, wir vertrauen deiner Hilfe, dass du uns als treuer Gefährte zur Seite stehst und uns durch die schweren Zeiten trägst. Lass uns dereinst dein Heil schauen, das du uns verheißen hast.

Wir rufen: Herr, erbarme dich.

STILLE

VATER UNSER

LIED Mach in mir deinem Geiste Raum (EG 503,14.15)

SEGEN

MUSIK

Verzeichnis der verwendeten Literatur

Jurek Becker, Jakob der Lügner. Roman. Mit einem Nachwort von Louis Begley, Frankfurt a.M. 2007.

Dietrich Bonhoeffer/ Maria von Wedemeyer, Brautbriefe – Zelle 92. 1943–1945, hg. v. Ruth-Alice von Bismarck und Ulrich Kabitz, München ^{2}1993.

Sigrid Damm, Das Leben des Friedrich Schiller. Eine Wanderung, Frankfurt a.M./Leipzig 2004.

Das Liederbuch. Lieder zwischen Himmel und Erde, Düsseldorf ^{2}2007.

Steffen Dietzsch, Immanuel Kant. Eine Biographie, Leipzig 2003.

Jostein Gaarder, Sofies Welt. Roman über die Geschichte der Philosophie, München/Wien 1993.

Stephan Goldschmidt, Gottesdienste mit Symbolen, Göttingen ^{2}2006.

Hermann Hesse, Das Lied des Lebens. Die schönsten Gedichte von Hermann Hesse, Frankfurt a.M. 1986.

John Irving, Bis ich dich finde, Zürich 2006.

Immanuel Kant, Werke in sechs Bänden, hg. v. Wilhelm Weischädel, Wiesbaden 1956–1964.

Daniel Kehlmann, Ruhm. Ein Roman in neun Geschichten, Reinbek bei Hamburg 2009.

Francois Lelord, Hector und die Entdeckung der Zeit, München 2006.

Siegfried Lenz, Fundbüro. Roman, München ^{2}2005.

Henning Mankell, Die italienischen Schuhe. Roman, Wien 2007.

Rüdiger Safranski, Schiller oder die Erfindung des Deutschen Idealismus, München 2004

Antoine de Saint-Exupéry, Der kleine Prinz, Düsseldorf ^{54}2000.

Friedrich Schiller, Die Räuber. Ein Schauspiel, Stuttgart 2001 (Reclam).

–, Kabale und Liebe. Ein bürgerliches Trauerspiel, Stuttgart 2006 (Reclam).

–, Wilhelm Tell. Schauspiel, Stuttgart 2000 (Reclam).

Uwe Schultz, Kant. Rowohlt-Bild-Monographie, Reinbek bei Hamburg ^{25}2001.